U0724883

南京文献精编

建康古今记

（清）顾炎武 撰

点校 胡箫白

南京出版传媒集团
南京出版社

图书在版编目（CIP）数据

建康古今记 /（清）顾炎武撰 . -- 南京：南京出版
社，2024.6
　（南京文献精编）
　ISBN 978-7-5533-4676-2

　Ⅰ.①建… Ⅱ.①顾… Ⅲ.①建康（历史地名）—地方
志—清代 Ⅳ.① K295.31

中国国家版本馆 CIP 数据核字（2024）第 053917 号

总 策 划　卢海鸣

丛 书 名　南京文献精编
书 　 名　建康古今记
作 　 者　（清）顾炎武
出版发行　南京出版传媒集团
　　　　　南 京 出 版 社
　　社址：南京市太平门街 53 号　　　　　邮编：210016
　　网址：http://www.njcbs.cn　　　　电子信箱：njcbs1988@163.com
　　联系电话：025-83283893、83283864（营销）　025-83112257（编务）

出 版 人　项晓宁
出 品 人　卢海鸣
责任编辑　严行健
装帧设计　王　俊
责任印制　杨福彬

排　　版　南京新华丰制版有限公司
印　　刷　南京新洲印刷有限公司
开　　本　890 毫米 × 1240 毫米　　1/32
印　　张　2.375
字　　数　50 千
版　　次　2024 年 6 月第 1 版
印　　次　2024 年 6 月第 1 次印刷
书　　号　ISBN 978-7-5533-4676-2
定　　价　30.00 元

用微信或京东
APP 扫码购书

用淘宝APP
扫码购书

总　序

　　南京是我国著名古都,有近 2500 年的有文献记载的建城史、约 450 年的建都史,素有"六朝古都""十朝都会"之誉。南京也是文化繁盛之地,千百年来,流传下来大量的地方文献,题材多样,内容丰富,这些文献是研究南京政治、经济、军事、文化、科技、外交和民风民俗的重要资料,是中华优秀传统文化的重要组成部分。做好历史文献的整理出版工作,深度挖掘传统文化资源,不仅有利于传承、弘扬南京历史文化,提升南京美誉度,扩大南京影响力,也有利于推动物质文明、政治文明、精神文明、社会文明和生态文明协调发展。

　　长期以来,大量的南京珍贵文献散落在全国各地的图书馆和民间,许多珍贵的南京文献被束之高阁,无人问津,有的随着岁月的流逝而湮没无闻。广大读者想要查找阅读这些散见的地方文献,费时费力,十分不便。为继承和弘扬好这一祖先留给我们的宝贵文化遗产,从 2006 年开始,南京出版社与南京市地方志编纂委员会办公室等单位通力合作,组织专家学者搜集南京历史上稀有的文献,将其整理出版,形成"南京稀见文献丛刊"。"南京文献精编"就是从"南京稀见文献丛刊"中精心挑选而成,题材包括诗文、史志、实录、书信、游记、报告等,内容涵盖历史、地理、政治、经济、军事、文化、教育、宗教、民俗、陵墓、城市规划等方面,全方位、多视角地展示了南京文化的深层内涵和丰富魅力。

"睹乔木而思故家,考文献而爱旧邦。"我们希望通过这套"南京文献精编"丛书的出版,满足人民群众多层次、多方面、多样化阅读需求,打造代表新时代研究水平的高质量南京基础古籍版本,为推进中国式现代化南京新实践提供精神动力。

"南京文献精编"编委会

导　读

　　清初顾炎武撰《建康古今记》，未刻，仅有康熙年间抄本传世。《清史稿·艺文志》史部地理类作"十卷"，刘声木《苌楚斋随笔》、梁启超《中国近三百年学术史》、傅增湘《藏园群书题记》、谢国桢《顾宁人先生学谱》、张舜徽《清儒学记》、许苏民《顾炎武评传》等同。按十卷本未见。1983 年，台湾成文出版社有限公司据"清康熙间抄本"影印，列为《中国方志丛书》华中地方第四一七号，全一册，138 页，页 9 行，行 22 字，不分卷，并于 35、36 两页作空白，居中标明"原稿缺"。是为不分卷本。此次点校，即以此影印本为底本，而参校顾氏所抄诸书如《明实录》、《明会典》、《大明一统志》、《金陵古今图考》、《续金陵琐事》、《金陵梵刹志》及刘三吾《坦斋刘先生文集》、陈敬宗《澹然先生文集》等；遇有疑惑、模糊之处，又或检核《元史》、《明史》、《国榷》等相关史籍。凡底本、参校本两可者，以底本为准；参校本较底本于义优长或胜出者，则或改或校，改、校以及有疑处，并出页下注表之。又有特别需要指出者三点：其一，底本原不分卷。为便阅读与查检，酌分十卷，并就版式稍作调整或整理；又据酌分之各卷主要内容，拟出卷目，即卷一筑城、门名，卷二坛庙，卷三宫阙、宫门，卷四山陵,卷五祠庙,卷六官署、学校,卷七府卫、马群,卷八府县、苑囿、仓庾,卷九寺观、酒楼、塌坊,卷十冢墓。其二,底本所谓"原稿缺"的两页,属"太庙"目,而考 34 页末、37 页首之文字,则庙号先后、神主次序皆衔接,且与顾氏所录《明会典》一致,如此,原稿不缺,换言之,此"清康熙间抄本"为全稿;其三,此抄本虽为全稿,但点校者判断为未定稿。所以下此判断,不仅由于全稿无序无目,格式较为混乱,而且筑城有文无目,"六科"有目无文,"牺牲所"既两见于"坛庙"与"府卫"类,"国子监"亦两见于"官署"与"学校"类。如此等等,似不能归责于抄写者,当是原稿即为未定稿之缘故也。

以上交代此次点校《建康古今记》抄本之大概情况。以下简单说明顾炎武此书之编撰旨趣、特点及其价值。

顾炎武(1613—1682 年,明万历四十一年至清康熙二十一年),苏州府昆山县千墩镇(今江苏省昆山市千灯镇)人,学者称亭林先生。初名绛,字忠清。入学时更名继绅,19 岁后复名绛。1645 年清军下江南后,改名炎武,又作炎午,字宁人。此后,又曾使用过蒋山佣等化名,号称"鹰扬弟子"。熟悉明史者知道,炎、武、蒋山、鹰扬等名,都具有或显或隐的汉族与明朝象征意义。火德红色本是大明正统的标志、汉族传统的符号,此炎也;武,大明开国皇帝朱元璋年号洪武;蒋山即今紫金山,是太祖高皇帝朱元璋孝陵所在;鹰扬,明朝有著名的鹰扬卫。所谓名以表志,顾炎武之志,正在反清复明。他时时以嗣母王氏的遗嘱"无为异国臣子,无负世世国恩"、

"读书隐居,无仕二姓"砥砺气节,他屡屡坚拒清廷的征召、高蹈不仕,他处处结纳英雄豪杰、考览山川形势,他次次不从官至极品的外甥徐乾学、徐元文归居江南的邀请,最后竟客逝于山西曲沃韩姓之家。

顾炎武心系故朝、反清复明的志向,也或显或隐地表达在他所编撰的《建康古今记》中。是书的编撰时间,学界向无考说。今可确定者,首先是在清初。在《建康古今记》"孝陵"一目中,有"臣炎武按"语,如上所述,他改名炎武是在1645年后;其次,可以推测是在1663年庄廷鑨《明史》案之前。此案乃因湖州富户庄廷鑨冠名的《明史辑略》书中有"建夷"、"夷寇"等辞,并涉及明末抗清事迹,触犯清廷忌讳而起,不仅庄廷鑨被掘墓焚骨,而且株连至死者两百多人,流放为奴者七百余家。顾炎武友人吴炎、潘柽章等亦遭凌迟酷刑。目睹此次史狱之惨烈,顾炎武从此"不谈旧事,不见旧书,退而自修经史之业",治学的方向转到了考古方面,而《建康古今记》实以摘抄明朝"旧书"、谈论明朝"旧事"为主;至于其书中既或避明宪宗朱见深、明武宗朱厚照、明光宗朱常洛、明熹宗朱由校、明思宗朱由检等名讳,而"深"字缺笔、"照"字作"炤"、"常"字作"尝"、"校"字改"较"、"检"字改"简",又有"本朝洪武十年"("官署"之"国子监"条)语,更是大触时讳。故以时势论,此书当编撰于庄案之前。再次,又可猜拟为1656年闰五月到1657年春之间。考顾氏行迹,此前的1645年、1651年、1653年,他虽曾四次来到南京,但都为时不长;1654年春,顾氏卜居神烈山(即紫金山)南,但随后即开始了"以观旧都畿辅之胜"的沿江之游,至冬始还;又1655年春返回昆山,1656年闰五月再回南京旧居;此后直到1657年春再返昆山,并于随后开始长期而大规模的出游北方前,顾氏则常在南京。这段常在南京的岁月(1656年闰五月—1657年春),应该为他编撰每需实地考察、以明具体位置的《建康古今记》提供了最大的可能。甚至可以推测,正是多次拜谒孝陵(1651年初谒,1653年二、三谒,1655年至1657年各一谒,1660年七谒)以及谒陵前的冲动或谒陵后的感喟,使得顾炎武抄撮编撰了此书,以寄托其眷恋故国之情思。然则无论《建康古今记》编成于清初何年,要之,顾炎武以明朝遗民而撰故朝旧都志书,其意都不仅在于存史,而更在于明志。

《建康古今记》为顾炎武存史明志之作,也表现在其内容方面。论记述的时间,虽称"建康古今",其实基本为大明皇朝京都之事,而尤详于制章立典、奠定规模的吴王时期(1364年正月至1368年正月)与洪武、建文(燕王朱棣夺朱允炆帝位后,取消建文年号,擅增洪武三十二年至三十五年)、永乐三朝;论记述的门类,往往事关国家礼仪、祭典、宫阙及政治、军事、教育之制度与设施,而又尤详于坛庙(如郊坛、社稷坛、太庙、奉先殿)、宫阙、陵坟(如孝陵、东陵、建文君坟)、祠庙(如历代帝王庙、功臣庙)、学校(如国子监)、府卫以及开国之王、公、侯墓。这样的安排,自有苦心深意,借用章太炎《答梦庵》的论述,"若顾宁人者,甄明音韵,纤悉寻求,而金石遗文,帝王陵寝,亦靡不殚精考索,惟惧不究,其用者在兴起幽情,感怀前德"是也。至于顾氏自撰的文字以及抄撮史料时的考按,则或勘正旧籍的差误,或表明记载的疑惑,又或以春秋笔法,寄予感情倾向。比如对于逊帝朱允炆(习称建文帝,朱标次子),顾氏不仅在正文中有"史臣不书葬于何地……相沿至于今日,即建文之疑冢及马后之寝园,皆不可问矣"等语,以见同情之心,而且对于建文之父、朱元璋嫡长子懿文皇太子朱标事,按语"永乐时,史臣执笔,凡孝康之事,概从芟削",对于早薨的朱元璋嫡长孙、朱标长子虞怀王雄英事,按语"《会典》及《南京太常寺志》皆不载,非但祀典久废,并丘垄亦无遗迹",云云,亦颇见顾炎武对于太祖高皇帝朱元璋嫡长子孙一支的特别感情,此种特别感情,无疑又蕴含着对于朱元璋四子、燕王、成祖朱棣的感情失落。

据上分析,顾炎武编撰《建康古今记》,其旨趣可谓大矣、明矣又或微矣,契合了他"史书之作,鉴往所以训今"以及"必有体国经野之心,而后可以登山临水,必有济世安民之识,而后可以考古证今"的追求。至于《建康古今记》之编撰特点,仍沿顾氏一贯之风格,即博采兼收、抄撮群书。抄书,本是古代学者勤为之事。当雕版印刷术发明之前,读书便需手抄,手抄则能精熟;及至印刷术出现以后,重视抄书的传统仍未中断,宋代学者的有些著述即为抄撮而成。顾氏从十岁起,便在嗣祖顾绍芾(顾氏出生后即被过继给叔祖父顾绍芾为孙)的督促下,每日诵读与抄书;及长,仍然抄书不辍。顾氏曾在《钞书自序》中，既追述祖训"著书不如钞书"，又自述"炎武之游四方……有贤主人以书相示者，则留。或手钞，或募人钞之"；顾氏友人王弘也在《山史》中叙述道："顾亭林……四方之游，必以图书自随。手所钞录，皆作蝇头行楷，万字如一。"当然，顾氏抄书不是目的，抄辑然后编排，即规划门类、精心筛选、组织材料，编排然后著述，即勤作笔记，或融会贯通、自抒心得，或加工提炼、别有发明，于是渐成卷帙。如《天下郡国利病书》《肇域志》，乃顾氏抄辑正史、实录、方志而成的大书；而《建康古今记》，则是顾氏抄撮实录、会典、地方史志、文集等等而成的小书。

　　小书而具大旨的《建康古今记》，自为感触继往开来的一代学术宗师顾炎武之治学精神、态度与方法的标本，亦为观察与黄宗羲、王夫之齐名的一代思想文化巨人顾炎武之志向、思想与感情的样板。而今整理、点校《建康古今记》抄本，作为"南京稀见文献丛刊"之一种，以广流传，以彰影响，亦足显示近三万字的《建康古今记》对于明都南京历史、地理、文化等等之基础研究与应用研究而言，所具有的史料价值与现实意义。史料价值不待赘述，毕竟顾氏从卷帙浩繁的《明实录》《明会典》《南京太常寺志》中，取精用宏、分门别类、加以组织、不乏考证地抄辑出诸多或关键或有趣或具深意的史料，从而大大便利了今人对于相关人、事、地、物的把握与了解；现实意义，则更待全面的发掘与多方的推扩。不妨各随举一例。在"寺观"之"朝天宫"条中，顾氏既抄撮《明实录》洪武十七年七月"至是重建,赐名朝天宫",又加按语指出:"十六年,孝慈皇后小祥,设斋醮于灵谷寺、朝天宫各三日。则朝天宫不自十七年而始命名也。史文牴牾,难以臆断。"这显示了顾氏的考证精神与审慎态度。又例,早在 20 世纪 90 年代初,即有学者根据《明实录》与《建康古今记》提供的线索,在孝陵之东约 80 米的丛林中,发现了兴宗孝康皇帝朱标的东陵遗迹;及至 2000 年,经过一年多的考古,终于确认了东陵寝园位于孝陵陵宫东垣以东约 60 米处,证实了《建康古今记》中东陵"有殿,有门及周垣,皆绿瓦"的描述,并进而否定了民国王焕镳《明孝陵志》中并存的东陵在梅花山以西的观点,落实了东陵在孝陵以东的说法。

最后需要声明的是,本人此次承担《建康古今记》的点校任务,得到了南京出版社卢海鸣编审的信任;点校过程中颇多疑难问题的解决,以及此篇"导读"的修改,更得到了南京大学历史系胡阿祥教授的诸多帮助。谨此致以衷心的感谢!

胡萧白

門名　實錄甲辰四月甲辰改各門緫管府為千戶所設

正副千戶各一員　洪武四年四月壬辰罷京城金川太

平二門千戶所　六年六月丙戌覽清凉馬鞍等門兵馬

司作靖江　十一月戊申濬太平門城濠增遷軍營其地

並湖多侵民田乃詔以公田給之百姓有就給錢五錢

償之　七年正月置馬鞍門千戶所尋改為定淮門九

年八月戊買置三山神策二門千戶所　十年八月終百

韋在原幕府金陵二門　十一年十二月丁巳以京城東

門為鍾阜門　今以两北為鍾阜門大詳所目　十二年

清康熙石门吕氏南阳村钞本《建康古今记》书影

金陵圖考六朝舊城近慶舟山去秦淮五里至楊吳時改
築殘泰淮南北周迴二十五里國朝改拓都城凡十三門
惟南門水西大西三門仍舊更名曰聚寶三山石城曰
東門虎歲濠為城開拓八里增建門二曰通濟曰正陽又
北至鍾山之陽建門一曰朝陽曰鍾山之麓西抵慶舟山
建門一曰太平又西㩉慶舟雞鳴山緣湖水以北至直瀆
山而西八里建門二曰神策金川西北包獅子山于內東
西相向建門二曰鍾阜傍鳳又南抵石頭山建門二曰定
淮請涼南接于石城而周

清康熙石门吕氏南阳村钞本《建康古今记》书影

目　录

卷一 筑城 门名①

筑 城②

《实录》：丙午八月庚戌③朔，拓建康城。初，建康旧城西北控大江，东尽白下门，外距钟山既阔远，而旧内在城中，因元南台为宫，稍庳隘。上乃命刘基等卜地，定作新宫于钟山之阳，在旧城东白下门之外二里许。按：今大中桥即白下门外桥。故增筑新城，东北尽钟山之趾，延亘周回，凡五十余里。按：《一统志》云九十六里，非是。规制雄壮，尽据山川之胜焉。　吴元年二月丁未朔讫。上命赏筑城将士。

《金陵图考》：六朝旧城近覆舟山，去秦淮五里。至杨吴时改筑，跨秦淮南北，周回二十五里。国朝改拓都城，凡十三门，惟南门、水西、大西三门仍旧，更名曰聚宝、三山、石城。自东门处，截濠为城，开拓八里，增建门二，曰通济，曰正阳。又北至钟山之阳，建门一，曰朝阳。自钟山之麓，西抵覆舟山，建门一，曰太平。又西据覆舟、鸡鸣山，缘湖水以北，至直渎山而西八里，

---

① 原稿不分卷。为便阅读，酌分十卷；并据各卷之主要内容，拟出卷目。以下卷二至卷十同。

② 筑城：此节目为点校者所拟。

③ 戌：原作"戍"，据地支用字改。按抄本于纪年、日之地支用字"戌"多作"戍"，以下径改，不出校记。

建门二,曰神策、金川。西北包狮子山于内,东西相向,建门二,曰钟阜、仪凤。又南抵石头山,建门二,曰定淮、清凉,南接于石城而周。

门　名

《实录》:甲辰四月甲辰,改各门总管府为千户所,设正、副千户各一员。　洪武四年四月壬辰,置京城金川、太平二门千户所。　六年六月丙戌,置清凉、马鞍等门兵马司。按:清凉当作清江。

十一月戊申,浚太平门城濠,增造军营,其地并湖,多侵民田,乃诏以公田给之。有麦苗者,亩给银五钱偿之。　七年正月,置马鞍门千户所,寻改为定淮门。　九年八月戊寅,置三山、神策二门千户所。　十年八月癸酉,革在京幕府、金陵二门。

十一年十二月丁巳,以京城东门为钟阜门。按:钟阜立名,自当在京城之东,而今以西北为钟阜门,未详何自。　十二年三月,改清凉门为清江门。

十七年三月丁卯,修筑京师仪凤门。　十九年十二月,诏中军都督府督造通济、聚宝、三山、洪武等门,并罪人输作。按:内城十三门设千户所十三,外城十六门设千户所八。史文参错不全,详见洪武元年正月。　又按:洪武二年五月乙巳,上幸钟山,由独龙冈步至淳化门,始骑而入,疑即今之朝阳门也。

外十六门

《实录》:洪武二十三年四月庚子,置京师外城门:驯象、安德、凤台、双桥、夹冈、上方、高桥、沧波、麒麟、仙鹤、姚坊、观音、佛宁、上元、金川，凡十五门。

永乐七年二月丙子，置在京二十五门城门郎①。正阳、朝阳、通济、聚宝、太平、三山、石城、金川、仪凤九门为内门，每门设城门郎二员。江东、驯象、安德、凤台、双桥、夹冈、上方、高桥、沧波、麒麟、仙鹤、姚坊、观音、佛宁、上元、金川十六门为外门，每门设城门郎一员。皆正六品，选武职舍人为之。三月，添设三山门城门郎一员，专掌水关。 十三年二月癸未，置京师城门郎，正阳、通济、聚宝、三山、石城、清江、定淮、仪凤、钟阜、金川、神策、太平、朝阳十三门，各门六员，其石城、清江、定淮、仪凤、金川五门，增注二员，专巡江。按：清江当作清凉。 又案：内城前云九门，后云十三门，未详。 十四年七月己②酉，革城门郎。

《金陵图考》：外城因山控江，周回一百八十里。

《一统志》分大安德、小安德二门，而无金川，盖不知金川有内、外二门也。又《会典》或言外十八门，顾起元曰："西有栅栏门二，一在仪凤门西，一在江东门北，共十八门。"

《金陵琐事》：外城十六门，独驯象、大安德、小安德、凤台四③门，凡有坍塌，修砌属于应天府，其工价派于句容、溧水、溧阳、高淳四县出办。

---

① 郎：原作"即"，据《明太宗实录》改。

② 己：原作"已"，据天干用字改。按抄本于纪年、日之天干用字，"己"多作"已"，以下径改，不出校记。

③ 四：原作"西"，据《续金陵琐事》改。

卷二　坛庙

郊　坛

　　郊坛在正阳门之左,缭以周垣,中为大祀殿。殿前丹墀,东西列四坛,以祀日月星辰。前为大祀门,门外东西列二十坛,以祀岳镇海渎、山川太岁、风云雷雨、历代帝王、天下神祇。东坛末为具服殿,西南百步为斋宫,又西为神乐观、牺牲所,其外复缭以崇垣。

　　《会典》:国初,建圜丘于钟山之阳,以冬至祀天。建方泽于钟山之阴,以夏至祀地。洪武三年,始奉仁祖淳皇帝配享。十年春,始定合祀之制,即圜丘旧址为坛,以屋覆之,名大祀殿,岁以正月上辛日行礼。时郊工未峻,暂就奉天殿行礼。十二年正月,乃合祀于大祀殿,仍奉仁祖配享。命官分献日月星辰、岳镇海渎山川诸神,凡二十四坛。二十一年,又增修坛壝于大祀殿丹墀内,东西相向,为日月星辰四坛。又于内壝之外,为坛二十,亦东西相向,为五岳五镇、四海四渎、风云雷雨、山川太岁、天下神祇、历代帝王诸坛。建文元年更奉太祖高皇帝配享。永乐十八年,北京天地坛成,每岁仍合祀如仪,南京坛有事,则遣官祭告。嘉靖九年,遵初制,北京建圜丘于大祀殿之南,建方泽于安定门外,以二至分祭,详在《北京志》。

　　《实录》:丙午十二月,命有司营建庙社,立宫室。　吴元年八月癸丑,圜丘、方丘及社稷坛成。圜丘在京城东南正阳门外钟山之阳,仿汉制为坛二成。第一成广七丈,高八尺一寸。四出陛,正南陛九级,广九尺五寸,东、西、北陛亦九级,皆广八尺一寸。坛面及趾,甃以琉璃砖,四面琉璃阑干环之。第二成周围坛面皆广二丈五尺,高八尺一寸。正面陛九级,广一丈二尺五寸,东、西、北陛九级,皆广一丈一尺九寸五分。坛面、趾及阑干,如上成之制。壝去坛一十五丈,高八尺一寸,甃以砖,四面为灵星门。南为门三,中门广一丈二尺五寸,左门一丈一尺五寸五分,右门九尺五寸。东、西、北各为门一,各广九尺五寸,去壝一十五丈。四面为灵星门,南为门三,中门广一丈九尺五寸,左门一丈二尺五寸,右门一丈一尺九寸五分。东、西、北为门各一,各广一丈一尺九寸五分。四面直门外各为甬道,其广皆如门,为天库五间,在外墙北灵星门外。南向厨房五间,西向库五间,南向宰牲房三间,天池一所,俱在外墙东灵星门外。东北隅牌楼二,在外墙灵星门外横甬道东、西。燎坛在内壝外东南丙地,高九尺,阔七尺,开上南出户。方丘在太平门外钟山之北,为坛二成。第一成广六丈,高六尺,四出陛,各广一丈,八级。第二成四面各广二丈四尺,高六尺,四出陛,南面陛广一丈二尺,八级,东、西、北陛各广一丈,八级。壝去坛一十五丈,高六尺,四面为灵星门,正南为门三,中门广一丈二尺六寸,左门一丈一尺四寸,右门一丈六寸。东、西、北为门各一,各广一丈四尺,周围为外墙,四面各六十四丈,皆为灵星门。正南为门三,中门广一丈六尺四寸,左门一丈二尺四寸,右门一丈二尺二寸。东、西、北为门各一,各广一丈二尺四寸。库五间,在外墙北灵星门外。南向厨房五间,宰牲房三间,皆南向。天①池一所,在外墙西灵星门外西南隅。瘗坎在内壝外壬地。

　　洪武元年正月乙亥,上祀天地于南郊,即皇帝位。　十一月庚子冬至,祀昊天上帝于圜丘。　二年五月癸卯夏至,祭皇地祇于方丘。　八月甲申,礼部尚书崔亮请于圜丘、方丘坛内②皆建殿九间,社稷坛北建殿七间,为望祭之所。遇风雨则于此望祭,上从之。　三年五月乙巳③,建斋宫于圜丘之西,方丘之东,前后皆为殿。殿左右为小殿,为庖湢④之所,外为都墙,墙内外为将士宿卫之所。又外为渠,前为灵星门,为桥三,左右及后各为门一,为桥一。　四年三月丙戌,诏改筑圜丘、方丘坛。圜丘坛二成。上成面径四丈五尺,高五尺二寸。下成周围坛面皆广一丈六尺五寸,高四尺九寸。上、下二成通径七丈八尺,高一丈一寸。坛址至内壝墙,南、北、东、西各九丈八尺五寸。内壝墙至外壝墙,南十三丈九尺四寸,北十一丈,东、西各十一丈七尺。内壝墙高五尺,外壝墙高三尺六寸。方丘坛亦二成。上成面径三丈九尺四寸,高三尺九寸。下成周围每面广一丈五尺五寸,高三尺八寸。上下二成通径七丈四寸,高七尺七寸。下成坛址至内壝墙,南、北、东、西各八丈九尺五寸。内壝墙至外壝墙,南、北、东、西各八丈二尺。内壝墙高四尺三寸,外壝墙高三尺三寸。　六年八月乙亥,建陪官斋房于北郊斋宫之西南。公

---

① 天:原作"大",据《明太祖实录》与文义改。
② 内:《明太祖实录》作"南"。
③ 巳:原作"己",据地支用字改。按抄本于纪年、日之地支用字"巳"多作"己",以下径改,不出校记。
④ 湢:《明太祖实录》作"湢"。湢,浴室。

侯十五间,百官十七间,乐舞生二十三间。 十年八月庚戌,诏改建圜丘于南郊。上以分祭天地,揆之人情有所未安,至是,欲举合祀之典。乃命即圜丘旧址为坛,而以屋覆之,名曰大祀殿,敕太师韩国公李善长等董之。 十一年十月,大祀殿成。初,郊祀之制,冬至祭天于圜丘,在钟山之阳;夏至祭地于方丘,在钟山之阴。至是,即圜丘旧址建大祀殿十二楹。中四楹饰以金,余施三采。正中作石台,设上帝皇祇神座于其上。每岁正月中旬,择日合祭,上具冕服行礼,奉仁祖淳皇帝配享殿中。殿前为东、西庑三十二楹,正南为大祀门六楹,接以步廊,与殿庑通。殿后为库六楹,以贮神御之物,名曰天库,皆覆以黄琉璃瓦。设厨库于殿东,少北设宰牲亭井于厨东。又少北皆以步廊通道殿两庑,后缭以周垣。至南为石门三洞,以达大祀门内,为之内坛。外周垣九里三十步。石门三洞南为甬道三,中曰神道,左曰御道,右曰王道,道之两傍稍底①为从官之道。斋宫在外垣内之西南,东向。于是敕太常曰:"近命三公率工部役梓人,于京城之南创大祀殿,以合祀皇天后土。冬十月告工已成。特命礼部去前代之祭期,以岁止一祀。古人祀南②天于南郊,盖以义起耳,故曰南郊祀天,以其阳生之月,北郊祭地,以其阴生之月。孰不知至阳祭之于阴月,至阴祭之于阳月,于理可疑。且扫地而祭,其来甚远。盖言祀地尚实而不尚华,后世执古而不变,遂使天地之享反不及人之享。若使人之享亦执古而不

---

① 底:《明太祖实录》作"低"。

② 南:"南"疑为衍字,《明太祖实录》亦无"南"字。

变,则当时汙尊而杯饮,茹毛而饮血,巢居而穴处也。以今言之,世果可行乎?斯必不然也。今命太常每岁合祭天地于春首,正三阳交泰之时,人事之始也。"其后,大祀殿复易以青琉璃瓦云。 二十一年三月乙酉,增修南郊坛壝。于大祀殿丹墀内,叠石为台四,东西相向,以为日月星辰四坛。又于内壝之外,亦东西相向,叠石为台,凡二十,各高三丈有奇,周以石栏,陟降为磴道。台之上琢石为山形,凿龛以置神位,以为五岳五镇、四海四渎,并风云雷雨、山川太岁、天下诸神及历代帝王之坛。坛之后树以松柏。外壝东南凿池,凡二十区。冬月伐冰,藏凌阴,以供夏秋祭祀之用。其历代帝王及太岁,风云雷雨、岳镇海渎、山川月将城隍诸神,并停春祭,每岁八月中旬择日祭之。日月星辰既已从祀,其朝日、夕月、荧星之祭悉罢之。仍命礼部更定郊庙社稷诸祀礼仪,著为常式。 永乐五年七月甲戌,修南郊斋宫东庑、钟楼。 宣德元年二月壬辰,南京守备太监郑和等奏天地坛、大祀殿并门廊斋宫及山川坛殿廊厨库俱已朽敝,请加修理。上谕行在工部尚书吴中等曰:"祀神国大事,其祠宇皆当完固,况郊坛、山川坛尤重。其令南京工部发匠修葺。"中言大祀诸殿当用香楠等木材,请取四川、湖广所采者用之。上曰:"大材,南京见有者,即给用。如无,即往彼取之。须令善抚军民,给以粮赏,一如营造工匠之例。"

祠祭署

《实录》:洪武十年十二月戊申,设天地坛祠祭署,令丞司香奉御。　仍称洪武三十五年七月,礼部言建文中改天地坛祠祭署为南郊祠祭署,上命定为郊坛祠祭署。　永乐八月①十二月丙辰,改郊坛祠祭署复为天地祠祭署。

朝日坛　夕月坛

洪武三年正月,礼部奏朝日坛宜筑于城东门外,高八尺。夕月坛宜筑于城西门外,高八尺。俱方广四丈,两壝,壝各二十五步。燎坛方八尺,高一丈,开上南出户,方三尺。神位以松柏为之,长二尺五寸,阔五寸,跌高五寸,朱漆金字。朝日以春分,夕月以秋分日,星辰则祔祭于月坛。从之。　二月丙子,上朝日于东郊,　八月己卯,上夕月于西郊。

山川坛

山川坛在郊坛之西,缭以周垣。中为殿宇,正殿七间,祭太岁、风云雷雨、五岳五镇、四海四渎、钟山之神。东西庑各十五间,分祭京畿山川、春夏秋冬四季月将及都城隍之神。左为旗纛庙,西南为先农坛,下皆藉田。

《实录》:洪武二年正月,建群神享祀所于城南门外,中为殿五楹,南向,东西相向为庑,各七楹。西北为库房,各五间。库

_____

① 月:当作"年"。

之后为宰牲房三间。　戊申，礼官奏城南享祀之所，既非专祀，又屋而不坛，非礼所宜，请以太岁、风云、雷雨诸天神合为一坛，岳镇、海渎及天下山川、城隍诸地祇合为一坛，春秋**崇**祀。上从之。遂定以惊蛰、秋分日祀太岁诸神，以清明、霜降日祀岳渎诸神。坛据高阜，南向，四面垣围。坛高二尺五寸，方阔二丈五尺，四出陛。南向陛五级，东、西、北向陛三级。祀天神，则太岁、风、云、雷、雨五位皆南向。祀地祇，则五岳、五镇、四海、四渎并列南向。次钟山、江东、两淮、两浙、江西、湖广、山东、山西、河南、陕西、北平、福建、广东、广西、海南、海北、左右两江山川之神，并京都各府城隍及外夷山川之神，皆东西相向。　九年正月庚午，建太岁、风云雷雨、岳镇海渎、钟山京畿、山川月将、京都城隍诸神坛壝殿成。初，山川坛建于正阳门外，合太岁、风云雷雨、岳镇海渎、山川城隍、旗纛诸神共祭之，至是始定。拟太岁、风云雷雨、岳镇海渎、钟山京畿、山川、四季月将、京都城隍凡十三坛，建正殿、拜殿各八楹，东、西庑二十四楹。坛西为神厨六楹，神库十一楹，井亭二，宰牲池亭一。西南建先农坛，东南建具服殿六楹，殿南为藉田。坛东建旗纛庙六楹，南为门四楹，后为神仓六楹，缭以周垣七百一十二丈。东、西、北神门各四楹，皆甃以甓。垣东又别为周垣，甃为门一。垣内地七十亩，水田四十亩，岁种黍、稷、稻、粱、来牟及菁、芹、葱、韭，以供祀事。是日成，上告祀焉。

社稷坛

社稷坛①在端门之右，社街门之内，四面为门。坛垣按五方色，南有前门，北有行礼殿、具服殿。《会典》：国初，以春秋仲月上戊日祭太社、太稷，异坛同壝。洪武三年，于坛北建享殿，又北建拜殿，各五间，以备风雨行礼。十年，改建社稷坛于午门外之右。先是，社主用高石五尺、阔二尺，上微尖，立于社坛，半埋土中，近南向北②，稷不用主。至是，埋石主于社稷坛之正中，微露其尖，仍用木为神牌，而丹漆之。祭则设于坛上，祭毕贮库。

《实录》：吴元年八月癸丑，社稷坛成。坛在宫城之西南，皆北向。社东稷西，各广五丈，高五尺，四出陛，每陛五级。坛用五色土，色各随其方，上以黄土覆之。坛相去五丈，坛南各栽松树。二坛同一壝，壝方广三十丈，高五尺，甃以砖。四方有门，各广一丈，东饰以青，西饰以白，南饰以赤，北饰以黑。瘗坎在稷坛西南，用砖砌之，广深各四尺。周围筑墙，开四门，南为灵星门三，北戟门五，东、西戟门各三，东、西、北门皆列二十四戟。神厨三间，在墙外。西北方宰牲池，在神厨西。社主用石，高五尺，阔二尺，上微锐，立于坛上，半在土中，近南北向，稷不用主。

洪武元年正月戊申，上亲祭大社大稷。先是，上尝命中书省及翰林院官议于社稷坛创屋，以备风雨。至是，翰林学士陶

---

① 坛：本无"坛"字，据文义补。
② 近南向北：当作"近南北向"。

安奏:"考诸礼,天子大社必受风雨霜露,以达天地之气。若亡国之社,屋之不受天阳也。今于坛创屋,非所宜。若祭而遇风雨,则于斋宫望祭。"上是之。　二年八月甲申,礼部尚书崔亮请于社稷坛北建殿七间,为望祭之所。遇风雨则于此望祭。上是之。　十年八月,命改建社稷坛。先是,上既改建太庙于雉阙之左,而以社稷国初所建,未尽合礼。又以大社大稷分祭配祀,皆因前代之制,欲更建之,为一代之典。遂命中书下礼部详议其制。礼部尚书张筹奏请罢勾龙与弃配位,奉仁祖淳皇帝配享大社大稷。上览奏,称善,遂命改作社稷坛于午门之右,其制社、稷共为一坛,坛二成。上广五丈,下加①上之数,而加三尺,崇五尺。四出陛,筑以五色土。土色如其方,而覆以黄土。坛四面皆甃以甓。石主崇五尺,埋坛之中,微露其末。外墙墙崇五尺,东西十九丈二尺五寸,南北如之。设灵星门于四面墙墙,各饰以方色,东青、西白、南赤、北黑。外为周垣,东西广六十六丈七尺五寸,南北广八十六丈六尺五寸。垣皆饰以红,覆以红琉璃瓦。垣之北向设灵星门三,门之外为祭殿,以虞风雨,凡六楹,深五丈九尺五寸,连延十丈九尺五寸。祭殿之北为拜殿,六楹,深三丈九尺五寸,连延十丈九尺五寸。拜殿之外复设灵星门三,垣之东、西、南三向设灵星门各一。西灵星门之内,近南为神厨,六楹,深二丈九尺五寸,连延七丈五尺九寸。又其南为神库,六楹,深广如神厨。西灵星门之外为宰牲房,四楹,中为涤牲池一,井一。　十月丙午朔,新建社稷坛成。上诣旧坛,以

① 加《明太祖实录》作"如",于义较优。

迁主告祭,舁石主至新坛,奉安于坛上,别设木主于神位,具牲醴庶品,行奉安礼,奉仁祖淳皇帝配。

先农坛

先农坛在山川坛西南。洪武二年建先农坛,列为大祀。每岁亲祭,遂耕藉田。以后稷氏配祀[①],又奉仁祖配。后改中祀,止遣应天府官致祭,不设配位,祭毕,犹亲耕藉田。

旗纛庙

旗纛庙在山川坛。每岁仲秋祭山川日,遣官祭于庙。霜降日又祭于教场,至岁暮享太庙,又祭于承天门外。俱旗手卫指挥行礼。永乐后别有神旗之祭,专祭火雷之神。每月朔望,神机营提督请祭于教场。今系总督京营戎政官奏请,祭毕复命。

《实录》:洪武元年十二月庚寅,立旗纛庙于都督府治之后。

祭江坛

祭江坛在金川门外江上,洪武初建。凡行幸、出师及亲王之国,俱于此祭江神。

《实录》:宣德六年二月戊午,修筑南京龙江坛。坛初为水

---

① 祀:原作"巳",据文义改。

侵啮，不及者仅丈余。至是，江水已落，乃命襄城伯李隆拨京卫军二千，及直隶府州民丁并力为之，务令完固。 七年三月己巳，徙南京龙江坛。初，工部奏坛西外垣为江水所啮，命襄城伯李隆等发军夫修筑，既复沦陷，难于用工。至是，请移置高阜之地，所用军夫、工匠、物料，请于附近卫所州县取给。从之。

马神坛

《实录》：洪武二年正月，命祀马祖诸神，筑坛于后湖。

泰厉坛

泰厉坛①在玄武湖中。

《实录》：洪武三年十二月戊辰，始命祭无祀鬼神。上以兵革之余，死无后者，其灵无所依，命礼部官考祭法。京都筑坛于玄武湖中，天下府州县则皆设坛于城北，其各里又立祭坛。岁以三月清明、七月望及十月朔日，长吏率僚佐候晡时致祭。牲用羊、豕各三，以米三石炊饭。正坛设城隍位，羊一豕一，坛下东、西各席地焚香列炬，各设羊一豕一，并设饭羹以祭之。坛之南立石刻祭文，京都谓之泰厉，王国谓之国厉，府州谓之郡厉，县谓之邑厉，民间谓之乡厉，著为定式。

---

① 坛：本无"坛"字，据文义补。

牺牲所

设武职并军人专管牧养。其牲房,中三间以养郊祀牲,左三间养宗庙牲,右三间养社稷牲,余屋养山川百神之牲。

太 庙

太庙在端门之左,庙街门之内。正殿两廊楹室崇深,功臣配享,左有神宫监。

《会典》:国初,于阙左建四庙。德祖庙居中,懿祖东第一庙,熙祖西第一庙,仁祖东第二庙,庙与主皆南向。四时孟月及岁除凡五享,孟春特享于各庙。余时,俱奉三祖神主合享于德祖之庙,德祖仍南向,三祖以次东西向。洪武九年,改建太庙,其制前为正殿,后为寝殿,俱翼以两庑。寝殿九间,以一间为一室。中一室奉安德祖帝后神主,懿祖东第一室,熙祖西第一室,仁祖东第二室,主皆南向。几席、床榻、衾褥、楎椸、箧笥、帷幔、器皿①之属,皆如事生之仪。及时享于正殿,则设德祖帝后座居中,南向,懿祖神座左第一位,西向,熙祖神座右第一位,东向,仁祖神座左第二位,西向。凡座,止设衣冠而不奉主。又以亲王配享于东壁,功臣配享于西壁。三十一年,奉祔太祖神主于寝殿西第二室,南向,正殿神座右第二位,东向。 永乐中,定

---

① 皿:原作"血",据文义改。

都北京,建庙一如南京之制。　洪熙元年,奉祔太宗神主于寝殿东第三室,南向,正殿神座左第三位,西向。　宣德元年,奉祔仁宗神①主于寝殿西第三室,南向,正殿神座右第三位,东向。

　十年,奉祔宣宗神主于寝殿东第四室,南向,正殿神座左第四位,西向。　天顺八年,奉祔英宗神主于寝殿西第四室,南向,正殿神座右第四位,东向。　成化二十三年,宪宗将升祔,而九室已备,始奉祧懿祖、熙祖而下,皆以次奉迁。乃奉祔宪宗神主于寝殿西第四室,南向,正殿神座右第四位,东向。　弘治初,始即岁除日行祫祭祀。十八年,奉祧熙祖、仁祖而下,皆以次奉迁。乃奉祔孝宗神主于寝殿西第四室,南向,正殿神座右第四位,东向。　正德十六年,奉祧仁祖、太祖而下,皆以次奉迁。乃奉祔武宗神主于寝殿西第四室,南向,正殿神座右第四位,东向。　嘉靖十年,敕谕礼部,以太祖高皇帝重辟宇宙,肇运开基,四时享祭,压于德祖,不得正南面之位,命祧德祖,而奉太祖神主居寝殿中一室,为不迁之祖。太宗而下,皆以次奉迁。每岁孟春特享,夏、秋、冬合享。改择季冬中旬大祫。以岁除为节祭,归之奉先殿。特享,则奉太祖居中,太宗而下,以次居左右,各设一幄,南向。奉主于神座,设冠服及舃于座之左右,祭毕藏之。合享,则奉太祖居中,南向,太宗而下,以次居左右,东西向。大祫,则奉德祖于太庙,居中,南向,懿祖而下,皆以次东西向。其亲王、功臣,移配食于两庑。又以丙、辛年孟夏,行大禘

---

① 按底本于"仁宗神"后,两页空白,注"原稿缺"。果缺,则以页9行、行22字计,凡缺396字。然考其文,则庙号先后、神主次序皆衔接,似无缺佚;又检《明会典》,亦并不缺。

礼于太庙,奉皇初祖南向,太祖西向配享。十四年,更建世室及昭、穆群庙于太庙之左右,其制皆正殿五间,寝殿三间,各有门垣,以次而南,统于都宫。太庙专奉太祖居之。世室在左三昭之上,奉太宗居之,题曰太宗庙。仁宗昭第一庙,曰仁庙。宣宗穆第一庙,曰宣庙。英宗昭第二庙,曰英庙。宪宗穆第二庙,曰宪庙。孝宗昭第三庙,曰孝庙。武宗穆第三庙,曰武庙。以立春日,行特享礼于各庙。立夏、立秋、立冬日,行时祫礼于太庙。奉太祖南向,太宗居东,西向,稍近上,仁宗而下,东西序列相向。季冬大祫,则德祖居中,懿祖、熙祖、仁祖、太祖以次居于左右,俱南向。太宗而下,如时祫之序。十七年,改上太宗庙号曰成祖,加上皇考献皇帝庙号曰睿宗。先是,特建世庙以祀皇考,后改建献皇帝庙,又改题曰睿宗庙。特享,则于本庙行礼,时祫,则奉主合享于太庙。二十四年,重建太庙成。奉睿宗升祔,而罢睿宗庙祭。寝殿神主,则太祖居中,成祖、宣宗、宪宗、睿宗序于左,仁宗、英宗、孝宗、武宗序于右,皆南向。时享于正殿,则太祖仍居中,南向,成祖而下,以序东西相向。孟春仍于上旬择日,孟夏、孟秋、孟冬仍用朔日,俱合享。祫祭仍以岁除日,凡仪节俱如旧,大禘礼亦罢。二十八年,奉孝烈皇后祔享太庙,藏主献皇后之侧,遇享居本次,止设位仪品,而祝不及。二十九年,奉祧仁宗、宣宗而下,皆以次奉迁。乃奉祔孝烈皇后神主于寝殿西第四室,南向,正殿神座右第四位,东向,祝仍不及。

隆庆元年,世宗升祔,礼部议庙享,惟一帝一后,必元配,乃奉孝洁皇后祔享,而迁孝烈皇后神主于别殿。 六年,奉祧宣宗、英宗而下,皆以次奉迁。乃奉祔穆宗神主于寝殿西第四室,南向,正殿神座右第四位,东向。

《实录》:吴元年九月甲戌朔,太庙成,四祖各为庙。德祖居中,懿祖居东第一庙,熙祖居西第一庙,仁祖居东第二庙,庙在宫城东南,皆南向。每庙中奉神,东西两夹室、两庑、三门,门皆设戟二十四,外为都宫。正门之南,别为斋次五间,斋次之西,为馔次五间,俱北向。门之东,为神厨五间,其南为宰牲池一,南向。 洪武八年七月辛酉,以改作太庙,躬祀后土、太岁等神,祝曰:"祖宗神室,旧建皇城东北,愚昧无知,始建之时,未尝省察,是致地势少偏。兹度地阙左,以今日集材兴工,特告神知。"其庙制按唐宋,为正殿同堂异室,殿东西为两庑,殿之后为寝殿。前殿之前为正门,左右为甬门,正门之前为灵星门。九年二月己亥,立太庙栋宇,上躬告祀后土。 十月己未,新太庙成,奉安神主。 三十一年四月己丑,享太庙毕,上步出庙门,徘徊顾立,指桐梓谓太常寺臣曰:"往年种此,今不觉成林。凤阳陵树,当亦似此。"因感怆泣下。

奉先殿

奉先殿,在乾清宫之左。洪武三年冬,以太庙时享未足以展孝思,始于乾清宫别建奉先殿。朝夕焚香,朔望瞻拜,时节献新,生忌致祭,用常①馔,行家人礼。

《实录》:洪武三年十二月甲子,命建奉先殿。上谓礼部尚

---

① 常:原作"尝",盖避光宗朱常洛讳而改"常"为"尝",今回改为"常"。

书陶凯曰:"事死如事生。朕祖宗陟遐已久,不能致其生事之诚,然于追远之道,岂敢怠忽。"复感叹曰:"养亲之乐,不足于生前,思亲之苦,徒切于身后。今岁时致享,则于太庙。至于晨昏谒见,节序告奠,古必有其所尔,考论以闻。"于是凯奏:"宋太庙一岁五享,宫中自有奉先天章阁、钦先孝思殿,奉神御画像。天子日焚香,时节朔望、帝后生辰皆遍祭,用常馔,行家人礼。古者宗庙之制,前殿后寝。《尔雅》曰:室有东西厢,曰庙,无东西厢,有室,曰寝。庙是栖神之处,故在前。寝是藏衣冠之处,故在后。自汉以来,庙在宫城外,已非一日。故宋建钦先孝思殿于宫中崇政之东,以奉神御。今太庙祭祀已有定制,请于乾清宫左,别建奉先殿,以奉神御。每日焚香,朔望荐新,节序及生辰皆于此祭祀,用常馔,行家人礼。"上从之。 四年十月己巳,奉先殿成。殿建于宫门内之东,南向。正殿五间,深二丈五尺。前为轩五间,深一丈二尺五寸。遂命礼部制四代帝后神位、衣冠,并定诸祭仪物及常用祝文。于是礼部议:"每日朝晡,上及皇太子、诸王、二朝皇后率妃嫔,日进膳羞,每月朔荐新,及遇时新品物,并令太常司官每月奉闻,送光禄寺供献",并进祝文式。上皆从之。 七年十一月己丑,改建奉先殿。 八年四月庚寅朔,改建奉先殿成。 九年六月己亥,重建[①]奉先殿成。初,上以奉先殿弗称,命更造之,至是始成。奉安四庙主,以牲醴告。

仍称洪武三十五年六月,新作奉先殿。盖旧殿为建文所焚,至是,改作于奉天殿之西。

---

① 建:原作"殿",据《明太祖实录》改。

五　祀

　　洪武八年七月甲申,礼部奏五祀之礼:"考之周、汉、唐、宋,其制不一。今拟以孟春祀司户之神,设坛于皇宫门左,司门主之。孟夏祀司灶之神,设坛于御厨,光禄寺官主之。季夏祀中霤之神,设坛于乾清宫丹墀,内官主之。孟秋祀司门之神,设坛于午门之左,司门主之。孟冬祀司井之神,设坛于井前,光禄寺官主之。四孟月之祭,则于有事太庙之日。季夏①之祭,则于土旺之日。牲用少牢。"制可。自是,五祀之礼,岁率以为常。

---

　　① 夏:原作"秋",据《明太祖实录》改。按"五祀"为四孟月之祭、季夏之祭,《明史·礼志四》亦云"季夏于土旺之日"。

卷三 宫阙 宫门

宫 阙

皇城在都城内之东，钟山之阳，前与正阳门直对。正南门曰洪武，内曰承天门、端门。端门之北，有左、右阙门。洪武之东曰长安左门，西曰长安右门。东近北曰东华门，内曰东上南门、东上北门。西近北曰西华门，内曰西上南门、西上北门。北曰玄武门，内曰北上东门、北上西门。近于城东曰左阙门，西曰右阙门。

大内六门，正中曰午门，左曰左掖，右曰右掖，东曰东安，西曰西安，北曰北安。午门之内，大殿之前，曰奉天门。左小门曰东角，右小门曰西角。东、西隅有东、西角楼。东角之南曰左顺门，门之南曰文渊阁。西角之南曰右顺门。奉天门之内大殿曰奉天殿，殿之左、右各建楼，东曰文楼，西曰武楼。殿之左曰中左门，殿之右曰中右门。奉天殿之后曰华盖殿，华盖殿之后曰谨身殿，皆翼以廊庑。由左顺门入，东曰文华殿。由右顺门入，西曰武英殿。谨身殿之后为宫，前曰乾清宫，后曰坤宁宫，六宫以次序列焉。又二殿曰柔仪、春和。

《实录》：丙午十二月，命有司营建庙社、宫室。 吴元年九月癸卯，新内成，正殿曰奉天殿。前为奉天门，殿之后曰华盖殿，华盖殿之后曰谨身殿，皆翼以廊庑。奉天殿之左、右各建楼，东曰文楼，西曰武楼。谨身殿之后为宫，前曰乾清宫，后曰坤宁宫，六宫以次序列焉，周以皇城。城之门，南曰午门，东曰东华，西曰西华，北曰玄武。制皆朴素，不为雕饰。　上命博士熊鼎编类古人行事可为鉴戒者，书于壁间，又命侍臣书《大学衍义》于两庑壁间。　十二月甲子，上御新宫。　洪武元年正月乙亥，上祀天地于南郊，即皇帝位，还御奉天殿。尚宝司、拱卫司、金吾卫陈设如仪，中书省左相国宣国公李善长等率文武百官上表贺。　戊寅，自旧内迁新宫。　丙戌，上御文楼。　丁亥，上御东阁。　上御奉天门。不书日。　戊申，祭大社大稷。是日，赐群臣享胙于奉天门。　国子生国琦等，入对谨身殿。

　八年九月戊午朔①，诏改建大内宫殿。　十年十月，改作大内宫殿成。阙门曰午门，翼以两观。中三门，东、西为左、右掖门，午门内曰奉天门。门之左、右为东、西角门，正殿曰奉天殿。上御之，以受朝贺。殿之左、右有门，左曰中左门，右曰中右门，两庑之间，左曰文楼，右曰武楼。奉天殿之后曰华盖殿，殿之后曰谨身殿，殿后则后宫之正门也。奉天门外，两庑之门疑作间有门，左曰左顺门，右曰右顺门。左顺门之外为东华门，内有殿，曰文华殿，东宫视事之所也。右顺门之外为西华门，内有殿，曰武英殿，上斋戒时所居也。制度皆如旧，而稍加增益，规模益闳壮矣。　二十五年，建端门、承天门楼各五间，复于承天门外建长安东、西二门。　仍称洪武三十五年六月庚午，复诸殿旧门名。

---

① 八年九月戊午朔："年"原作"月"，据《明太祖实录》改。又据《实录》，"诏改建大内宫殿"在辛酉，即戊午后三日，《国榷》亦为辛酉，疑是。

盖建文中改谨身殿为正心殿,午门为端门,端门为应门,承天门为皋门,正前门为辂门①。至是,命撤之,悉复其旧云。 七月壬午朔,祀天地于南郊,御奉天殿,大赦天下。 永乐元年二月,修皇城萧墙及卫士直庐。 三年六月丁亥,拓西安门外地,改筑西华门外皇墙。

宫城诸门

洪武二年八月己巳,置门官。午门、东华门、西华门、玄武门、奉天门、左右顺门、左右红门、皇宫门、坤宁门、宫左门、宫右门各设门正一人,副一人。东宫门官,春和门、东宫后门、宫左门、宫右门各设门正一人,副一人。 十年十二月戊申,置皇城门官。端门、承天门、东长安门、西长安门、东安门、东上门、东上南门、东上北门、西安门、西上门、西上南门、西上北门、北安门、北上门、北上东门、北上西门,门设正、副。 十一年三月,定东上门等名,咸给六品印,门官掌之。 十八年九月丙寅,置午门、端门、承天门、东上门、东中门、东安门、西上门、西中门、西安门、北上门、北中门、北安门门吏各四名。 二十八年正月壬子,置皇城长安、东安、西安、北安四门仓储粮,以给守御军士,仓设副使一员。 九月,重定门官职秩,各门官七。掌晨昏启闭,关防出入。曰午门,曰东华门,曰西华门,曰玄武门,曰奉天门,曰左顺门,曰右顺门,门皆设官二人。门正一人,秩正四

---

① 辂:原作"路",据《明太宗实录》改。

品,门副从四品。

午门　洪武三年七月,诏于午门外择空地,立亭建碑,刻国家政事可为定式及凡政令之善者,著以为法。　二十年二月壬午朔,上阅武于午门外,赐将士钞帛有差。仍命自今将军卫士日习射于午门丹墀内。

洪武门　洪武元年九月戊申,置洪武门千户所。　二十一年六月癸卯朔,晴,暴风,雷震洪武门兽吻。

玄武门　洪武二十一年五月辛丑,晴,雷震玄武门兽吻。

右顺门　洪武二十七年十二月丁卯,赐公侯及五府都督等官宴于右顺门。　二十八年,上重定祖训录,名为《皇祖训》。上以是编之作,将垂之万世,命大书揭于右顺门内西南廊下,朝夕谛览,斟酌损益,久而后定。

东角门　洪武三十一年正月癸酉,四川长河西安抚等司土官僧①吉藏卜等来朝,赐宴于东角门。

大本堂　洪武元年,上建大本堂。取古今图书充其中,延四方名儒教太子、诸王。

观心亭　洪武十年十月壬子,观心亭成。上敕工曹造观心亭于宫城上。落成,上亲幸焉。

金水桥　洪武十五年九月己巳,上以孝慈皇后梓宫将发引,遣官致祭金水桥、午门等神。　二十五年十一月戊子,改建大内金水桥成。

后苑　洪武三年二月壬戌,上行后苑。

---

①　僧:原作"缯",据《明太祖实录》改。

登闻楼 洪武元年十二月己巳,置登闻鼓于午门外,令监察御史一人监之。

銮驾库 洪武二十六年十一月癸丑,诏建銮驾库①于皇城东长安门之外。

旧内在城内大中街内桥左,元为南台地。太祖皇帝既克建康,即宫于此。及大内宫殿成,此称为旧内云。

《实录》:丙申七月己卯朔,诸将奉上为吴国公,以元御史台为公府。 宣德四年二月乙未,命内官杨礼移郢靖王宫眷居南京旧内。

白虎殿 癸卯五月甲辰,上坐白虎殿,与孔克仁论天下形势。 甲辰四月乙未,中书省臣进宗庙祭享及月朔荐新礼仪。上御白虎殿,览毕退,自殿西步至戟门东,忽悲怆流涕。 五月丙子,上朝罢,退御白虎殿阅《汉书》。 吴元年四月庚戌,上至白虎殿,见诸子有读《孟子》书者。 十二月癸卯,上御白虎殿。

东阁 辛丑七月,上视事东阁。

西楼 甲辰三月辛未,上御西楼。 吴元年十月丁巳,上宴功臣于西楼。上每御西楼,召诸议律官及儒臣,皆赐坐。

西华门 上即元故御史台为府,居秦从龙于西华门外。②

---

① 库:原脱,据《明太祖实录》补。
② 《明太祖实录》此句后有"事无大小,皆与之谋"云云,于义乃全。

卷四　山陵①

孝　陵②

孝陵　在钟山之阳，太祖高皇帝、孝慈高皇后合葬，设神宫监、孝陵卫及祠祭署。嘉靖中，封其山曰神烈山。每岁圣旦、正旦、孟冬、忌辰，酒果行香。清明、中元、冬至，太牢致祭。特遣勋旧大臣一员行礼，南京各衙门文武官俱陪祭。国有大事，遣大臣祭告。亲王之国过南京者，官员以公事入城者，俱谒陵，出城者诣辞。

《实录》：洪武十五年八月丙戌，皇后马氏崩。　九月庚午，葬孝慈皇后于钟山之阳，以成穆贵妃、永贵妃、汪贵妃祔。　十六年五月甲子，孝陵殿成。命皇太子以牲醴致祭。　三十一年闰五月乙酉，上崩于西宫。辛卯，葬太祖高皇帝于孝陵。　永乐元年三月壬辰，修孝陵神厨库及墙垣。　七年三月丙寅，修孝陵、懿文陵之神厨、神库及祭器。　九年正月乙酉，建孝陵门，如大祀坛南天门之制。　十一年七月甲辰，修孝陵神厨、神库、宰牲亭、灵星门。　宣德四年十月甲戌朔，孝陵神宫监官苗青奏孝陵具服殿朽坏，敕襄城伯李隆及南京工部修理。

---

① 原稿"孝陵在钟山之阳"前有"山陵"节目，此移作卷目。
② 此"孝陵"节目，为点校者所拟。

懿文皇太子葬孝陵之左。建文时追谥曰孝康皇帝，庙号兴宗，其陵号莫得而详也。相传谓之东陵，有殿，有门及周垣，皆绿瓦。

《实录》：洪武十一年十一月庚寅，皇太子妃常氏薨。上素服辍朝三日，中宫素服哀临。皇太子服齐衰，葬毕，焚于墓所，常服还内。皇孙服斩衰，置灵座旁，遇祭奠则服之。诸王、公主服如制。按：其时未建孝陵，常妃之葬，不知所在。至于懿文既葬，少帝既立之日，则必迁祔东陵无疑。永乐时，史臣执笔，凡孝康之事，概从芟削。又按：永乐元年十月，礼部言洪武中开平忠武王常遇春祠、坟俱有定制。建文中增修过度，请复其旧，从之。是则开平之墓犹将比之扬王，岂有皇祖册立之元妃而不追尊升祔者哉？弘光即位，追复尊号曰孝康皇后。　二十五年四月丙子，皇太子薨。　八月庚申，祔葬懿文皇太子于孝陵之东。　仍称洪武三十五年六月戊寅，遣安王楹祭告懿文皇太子，迁其主于陵园。建文初，尊谥懿文为孝康皇帝，庙号兴宗，升祭于太庙。至是，礼官言考之古典，于礼未安。遂命以主迁陵园，仍旧谥号曰懿文皇太子，岁时致祭，如常仪。

七月癸巳，改封懿文皇太子第四子徐王允熞为敷惠王，随母吕氏居懿文陵园。《实录》：洪武十四年十二月，太常司卿吕本卒，赐葬钟山之阴。本无子，其女皇太子妃。臣炎武按：皇太子妃常氏薨后，不闻继立，且以太祖不立继后推之，无太子立继妃之理。潘柽章曰次妃也，盖建文时尊为皇太后。　又按：允熞于永乐二年改封瓯宁王，四年十二月薨。年十六，赐谥哀简，而吕太后不详其所终。

虞怀王坟

《实录》：洪武十五年五月己酉朔，皇嫡长孙雄英薨。上感悼辍朝。葬钟山。侍臣皆素服徒步送葬。追封虞王，谥曰怀。

按：《会典》及《南京太常寺志》皆不载，非但祀典久废，并丘垅亦无遗迹。

建文君坟

《实录》：仍称洪武三十五年六月壬申，备礼葬建文君，遣官致祭，辍朝三日。　　又载：建文君未葬，上问翰林学士王景葬礼，景对曰："当葬以天子之礼。"上然其言。而不书葬于何地，盖史氏微之，以待后人之定论，相沿至于今日，即建文之疑冢及马后之寝园，皆不可问矣。

《南京太常寺志》：万历二十四年九月，南京太常寺卿杨时乔、少卿詹沂等奏言："孝陵东有建①文陵，旧称东陵。建文时有庙号追谥，升祭太庙。革除之后，以主置陵园，岁时祭祀，遣神乐观官行礼，近经太常寺，题奉钦依命，南京都督府官行礼，亦云备矣。第朝廷典礼，自山陵至于藩封，坟茔享堂，其高深广阔亩间，皆有定数，又皆用红丹涂饰。今东陵殿浅隘卑，狭仅能展，安祭器品物又以黑饰，与众庶同。伏乞敕下礼、工二部，详考礼制，将堂宇改建如数，增加涂饰。又建文君临御四五年，逊国而②形迹泯然。夫生有谥③，死有谥。曾闻先今诸臣屡议以逊位，言则可比于高皇帝之追谥元顺帝之亲，亲则可比于纯皇帝之追谥景皇帝，即以宣之诏册。又文皇帝常葬以天子之礼，遣官致祭，即以此立之园陵。皆今所当举行，以成盛德，无令天下

---

① 抄本于"建"字右侧注有"懿"字，疑是。
② "而"后空缺一字。
③ 抄本于"谥"字右侧注有"爵"字，是，"谥"当作"爵"。

后世有遗议焉。又若行招魂之礼,立国厉之坛,国家尝以之待众庶,而何独不然于此? 臣请于孝陵之左,东陵之前,建一享庙,名以陵殿,设主致祭,以其同难后妃配食,又以诸子晚出高墙者,寻其葬所,而表识之,无令与孤鬼等,此皆可以义起,而实天理人心所共以为当然者。伏乞敕下礼部会同诸臣覆议,行南京礼、工二部肇举,则高皇帝在天之灵可慰,而大孝弥光于善述矣。"奉圣旨,该部知道。

懿文诸子女坟

《实录》:永乐十五年五月己丑,懿文太子第四女薨。赐祭,赠南平郡主,命工部治丧葬。 十五年九月己巳,庶人允熥卒,赐祭。允熥,懿文太子第三子,母妃常氏。建文中封允熥吴王。上嗣位之初,正封号,改广泽王。以罪免为庶人。至是卒,命以礼葬之。史书葬者惟此,然亦不言其地。

皇妃坟

《实录》:洪武七年九月庚寅,贵妃孙氏薨。敕有司营葬,厝于朝阳门外楮冈之原。《会典》:孝陵四十妃嫔,惟二妃葬陵之东西,余俱从葬。

卷五　祠庙[①]

历代帝王庙　在鸡鸣山之阳。洪武六年,始建帝王庙,以祀三皇、五帝、三王及汉、唐、宋创业之君。每岁春秋致祭。后罢周文王、唐高祖,增隋文帝。七年秋,上亲临祭焉。庙同堂异室,中一室太昊伏羲氏、炎帝神农氏、黄帝轩辕氏;东一室帝金天氏、帝高阳氏、帝高辛氏、帝陶唐氏、帝有虞氏;西一室夏禹、商汤、周武王;又东一室汉高祖、光武、隋文帝;又西一室唐太宗、宋太祖、元世祖。凡五室十七帝。二十一年,始定历代名臣。终始全节者三十七人,风后、力牧、皋陶、夔、龙、伯夷、伯益、伊尹、傅说、周公旦、召公奭、太公望、召穆公虎、方叔、张良、萧何、曹参、陈平、周勃、邓禹、冯异、诸葛亮、房玄龄、杜如晦、李靖、郭子仪、李晟、曹彬、潘美、韩世忠、岳飞、张浚、木华黎、博尔术[②]、博尔[③]忽、赤老温、伯颜,从祀两庑,列为四坛。是年帝王庙火,改建于鸡鸣山之阳,罢隋文帝,而迁唐太宗与汉高、光武同室,凡十六帝。又定以每岁春附祭历代帝王于郊坛,秋祭于本庙。每三年传制,遣道士赍香帛,令有司祭于各陵寝。凡祭陵寝之岁,则停庙祭。

《实录》:洪武六年八月乙酉,建历代帝王庙于京师。礼部

---

① 原稿"历代帝王庙"前有"祠庙"节目,此移作卷目。

② 术:原作"木",误。《元史·兵志二》:"太祖功臣博尔忽、博尔术、木华黎、赤老温,时号掇里班曲律,犹言四杰也";《明史·礼志四》《明太祖实录》亦作博尔术。

③ 尔:原作"不",误。据《元史·兵志二》《明史·礼志四》《明太祖实录》改。参上条校勘记。

奏定其制，略如宗庙，同堂异室，为正殿五间，以为五室。中一室以居三皇，东一室以居五帝，西一室以居夏禹、商汤、周文王，又东一室以居周武王、汉光武、唐太宗，又西一室以居汉高祖、唐高祖、宋太祖、元世祖。从之。七年二月，去文王。　二十一年二月甲寅，诏以历代名臣从祀帝王庙。先是，礼臣奏以风后、力牧、皋陶、夔、龙、伯夷、伯益、伊尹、傅说、周公旦、召公奭、太公望、方叔、召虎、张良、萧何、曹参、周勃、邓禹、诸葛亮、房玄龄、杜如晦、李靖、郭子仪、李晟、赵普、曹彬、韩世忠、岳飞、张浚、博尔忽、博尔术、赤老温、伯颜、阿术、安童凡三十六人，皆宜从祀于帝王庙。上曰："古之君臣同德者，终始一心，载在史传，万世不泯。国家祀典，必合公论，不可徒观其迹而不究其实也。若宋赵普，负太祖为不忠，不可从祀。元臣四杰，木华黎为首，不可以其孙从祀而去其祖，可祀木华黎而罢安童。既祀伯颜，其阿术亦不必祀。如汉陈平、冯异，宋潘美，皆节义兼善始终，可从庙祀。"于是定以风后、力牧、皋陶、夔、龙、伯夷、伯益、伊尹、傅说、周公旦、召公奭、太公望、召虎、方叔、张良、萧何、曹参、陈平、周勃、邓禹、冯异、诸葛亮、房玄龄、杜如晦、李靖、李晟、郭子仪、曹彬、潘美、韩世忠、岳飞、张浚、木华黎、博尔忽、博尔术、赤老温、伯颜，凡三十有七人，从祀历代帝王庙。　戊午，遣官祀历代帝王庙。初，历代帝王庙五室，祀伏羲至元世祖凡十七帝。至是，去隋文帝，凡十六帝，为五室。中三室居三皇、五帝、三王如旧。最东一室则汉高祖、光武、唐太宗，最西一室则宋太祖、元世祖。从祀名臣凡四坛。东庑第一坛九人，风后、皋陶、龙、伯益、傅说、召公奭、召虎、张良、曹参；西庑第一坛九人,力牧、夔、伯夷、伊尹、周公旦、太公望、方叔、萧何、陈平;东庑第二坛十人,周勃、冯异、房玄龄、李靖、李晟、潘美、岳飞、木华黎、博尔忽、伯颜;西庑第二坛九人,邓禹、诸葛亮、杜如晦、郭子仪、曹彬、韩世忠、张浚、博尔术、赤老温。 戊辰,历代帝王庙火。 九月,改建历代帝王庙于鸡鸣山之阳,命崇山侯李新董之。 二十二年五月辛未,改建历代帝王庙成,遣官致祭,以奉安神主。告礼部定拟,自今每岁止以仲秋月遣官祭。从之。

功臣庙 在鸡鸣山之阳。洪武二年,建殿中正位:中山武宁王徐达、开平忠武王常遇春、岐阳武靖王李文忠、宁河武顺王邓愈、东瓯襄武王汤和、黔宁昭靖王沐①英。东序西向:都指挥使冯国用郢②国公,金都督耿再成泗国武庄公,金都督丁德兴济国公,都督同知张德胜蔡国忠毅公,靖海侯吴祯海国襄毅公,平章康茂才蕲国武义公,副使茅成东海郡公。西序东向:参政胡大海越国武庄公,都督同知赵德胜梁国公,广德侯华高巢国武庄公,都督同知俞通海虢国忠烈公,江阴侯吴良江国襄烈公,宣宁侯曹良臣安国忠烈公,安陆侯吴复黔国威毅公,副使孙兴祖燕山忠愍侯。两庑各设牌一,总书"故功臣指挥千百户卫所镇抚之灵"。每孟月、岁暮,遣勋戚大臣祭。

《南京太常寺志》:洪武三年,增战殁功臣。五年,增百二十四人。七年,令都督祭堂上,都指挥以下祭两庑。

《实录》:甲辰九月辛巳,命中书省绘塑功臣像于卞壶及蒋

---

① 沐:原作"沭",误。
② 郢:原作"郑",误。按郑国公为常茂。

子文庙,以时遣官致祭。 洪武元年十二月丁亥,命筑坛于鸡笼山,致祭故功臣胡大海等以文臣没于王事者,参军李梦庚、郎中王恺、都事孙炎等袝祭。 二年正月乙巳,命立功臣庙于鸡笼山。 六月丙寅,功臣庙成,命论次诸功臣之功,以徐达为首,次常遇春,次李文忠,次邓愈,次汤和,次沐①英,次胡大海,次冯国用,次赵德胜,次耿再成,次华高,次丁德兴,次俞通海,次张德胜,次吴良②,次吴桢,次曹良臣,次康茂才,次吴复,次茅成,次孙兴祖,凡二十有一人。命死者塑其像于庙,仍虚生者之位。而参政胡大海等,上念其功,已命塑其像于卞壶、蒋子文庙以祀。至是,复塑像于新庙。 十月庚辰,命图中书右丞相魏国公徐达、开平王常遇春等攻战之迹于鸡笼山功臣庙。 六年九月己酉,重建鸡笼山功臣庙成。 七年三月乙未,命立鸡笼山功臣庙坊牌,名之曰英灵坊。 十七年,改作功臣庙。

都城隍庙 在鸡笼山之阳。洪武二年,封京都城隍,祀之三王,正城隍号,命从祀于山川坛。二十年改建庙。二十一年后,春袝祭于郊,秋仍旧。今罢。惟每岁八月祭帝王后一日,遣南京太常寺官祭。

《实录》:洪武三年九月戊子,京师城隍庙成。初,城隍旧祠卑隘,诏度地营筑。既而中书省臣及尚书陶凯请以东岳行祠改为庙,上可之。修饰既备,建左、右二司。凯请复如前代建六曹,曰吏、户、礼、兵、刑、工,二司,左曰左司之神,右曰右司之

① 沐:原作"沭",误。
② 次吴良:原文漏列吴良,据《明太祖实录》补。

神。上命罢六曹,不必设左、右司,正称曰左司神,仍命制神主。主用丹漆字涂以金,旁饰以龙文。及是始成,命凯等迎主入庙,用王者仪仗,上亲为文以告之。 学士刘三吾《都城隍庙记》曰:"洪武二十年六月,敕建都城隍于钦天山之阳。上若曰:旧庙在嘉瑞坊,隘陋弗称,改作斗门桥之东,今十有八年矣。念诸王侯将臣,凡有出入,悉祷于神。而祀典诸庙,烦嚣杂还,岂惟神弗妥灵,人之祷祀,实亦不便,欲徙钦天山之阳,久在朕衷,未之发也。已而守者弗戒于火,一夕自焚①。"

汉秣陵尉②蒋忠烈庙 晋成阳卞忠贞公庙 南唐刘忠肃王庙 宋济阳曹武惠王庙 元卫国忠肃公庙 五庙俱洪武二十年改建,岁以四孟朔及除③日遣应天府官祭。永乐七年,进封子文忠烈武顺昭灵嘉佑王忠烈旧庙。四月二十八日,以生辰加一祭。

《实录》:洪武六年④四月,敕中书省议赠元御史大夫福寿死节官封。初,上定金陵,以福寿能秉节死义,既为之立庙。至是,复议赠官。礼部言元已赠福寿浙江行省左丞相上柱国,追封卫国公,谥忠肃,宜仍其旧,庶慰忠臣之心。上是之。止令春秋二时,遣官于庙致祭。 二十年十月,建历代忠臣庙成。先是,汉秣陵尉忠烈侯、晋城阳卞忠贞公、南唐刘忠肃王、宋济阳曹武惠王等皆历代崇祀,及元卫忠肃公福寿等亦尝立祠以祭。

---

① 焚:原作"發"(发),据《坦斋刘先生文集》改。
② 尉:原作"慰",误,据史实正。
③ 除:原作"徐",误,据史实正。除日,指年终的那天。
④ 六年:原作"四"年,误,据《明太祖实录》改。

上以其溷处闾巷,祠宇卑陋,不称神居,诏徙建于鸡鸣山之阳。至是庙成。命应天府每岁以四孟月及岁除祭功臣日致祭。蒋忠烈、卞忠贞、卫忠肃及灵顺五侯,并刘三吾撰记。　永乐三年五月辛酉,修秣陵尉蒋子文庙。　七年二月丙子,进封汉秣陵尉蒋子文为忠烈武顺昭灵嘉佑王,遣太子太师淇国公丘福祭告。

汉前将军汉寿亭侯关公庙　洪武二十七年,自玄津桥改建于鸡鸣山。每四孟、岁暮,遣应天府官祭。五月十三日,又遣南京太常寺官祭。

《实录》:洪武二十七年正月,建汉汉寿亭侯关羽庙于鸡鸣山之阳。庙旧在玄津桥西,至是改作焉。与历代帝王及功臣、城隍诸庙并列,通称十庙云。

北极真武庙　每岁三月三日、九月九日,用素羞,遣南京太常寺官祭。

五显灵顺庙　每岁四月八日、九月二十八日,遣南京太常寺官祭。

祠山广惠庙　祀张渤。每岁二月十八日,遣南京太常寺官祭。

京都太仓神庙　每岁二、八月十五日,遣南京户部官祭。

道林真觉普济禅师　在鸡鸣山上,祀梁僧宝志。洪武初建,每岁三月十八日,用素羞,遣南京太常寺官祭。

卷六　官署　学校

官　署

永乐十八年,定都北京,其南京各衙门俱加南京字。弘光元年,去南京字。

宗人府　在长安左门南,经历司附焉。

《实录》:洪武三年四月丙寅,置大宗正院。　二十二年正月丙戌,改大宗正院为宗人府,以秦王为宗人令,晋王为左宗正,今上时封燕王①,为右宗正,周王为左宗人,楚王为右宗人。

吏部　在宗人府南,其属文选、验封、稽勋、考功四清吏司,并司务厅附焉。

户部　在吏部南,其属浙江、福建、江西、湖广、四川、山东、山西、广东、广西、河南、陕西、云南、贵州十三清吏司,并照②磨所、司务厅附焉。

礼部　在户部南,其属仪制、祠祭、主客、精膳四清吏司,并司务厅附焉。

兵部　在礼部南,其属武选、车驾、职方、武库四清吏司,并司务厅附焉。

---

① 今上时封燕王:《明太祖实录》作"今上"。
② 照:原作"炤",盖避武宗朱厚照讳而改"照"为"炤",今回改为"照"。以下类同者,不一一出校。

工部 在兵部南,其属营缮、都水、屯田、虞衡四清吏司,并司务厅附焉。

洪武①二十五年八月癸西,改建宗人府、五府、六部、太常司官署。上谕廷臣曰:"南方为离明之位,人君南面,以听天下之治,故殿廷皆南向。人臣则左文右武,北面而朝礼也。五府、六部官署宜东西并列,其建六部于广敬门之东,皆西向,建五府于广敬门之西,皆东向。惟刑部掌邦刑,已置于西北太平门之外。"按:太平门非西北。自皇城视之,则为西北耳。于是以宗人府,吏、户、礼、兵、工五部,列于广敬门之东,中、左、右、前、后五府,太常司,列于广敬门之西,悉改造,令规摹宏壮,命主事高有常董其役。

翰林院 在宗人府后。

《实录》:吴元年五月己亥,置翰林院。 洪武二十六年十月,改建翰林院于皇城东南,宗人府之后。詹事府居其次,太医院又次之。 二十七年十月辛巳,翰林院、詹事府成,诏皆赐宴落成之。

詹事府 在翰林院南,主簿厅附焉。

《实录》:洪武二十二年四月丙寅,置詹事院。 二十五年七月丁未,改詹事院为詹事府。

太医院 在詹事府南,生药库附焉,外有惠民药局亦隶之。

《实录》:甲辰四月乙未,置医学提举司。 丙午六月壬子朔,改医学提举司为太医监。 吴元年九月,改太医监为太

---

① 按书例,此"洪武"前当有"实录"二字。此段文见《明太祖实录》。

医院。

太常寺 在后府南,典簿厅附焉,外有神乐观、牺牲所、各祠祭署亦隶之。

《实录》:吴元年七月辛丑,置太常司。 洪武三十年正月己卯,改太常司为太常寺。

通政使司 在中府后,经历司附焉。

《实录》:洪武十年七月甲申,置通政司。 二十七年,改建通政使司及锦衣、旗手二卫于中军都督府之后。

钦天监 在后府后,主簿厅附焉,外设司天台于鸡鸣山上。

《实录》:乙巳七月壬午,置太史监,设太史令,通判太史监事,校事郎①。属官五官正,灵台郎,保章正、副,挈壶正,掌历,管勾。寻以刘基为太史令。吴元年十月丙午,改太史监为院。

洪武元年十二月壬申,改太史院为司天监。 三年六月庚午,改司天监为钦天监。 十七年六月丙午,制钦天监观星盘。

十八年十月丙申,筑钦天监观星台于鸡鸣山,因雨花台为回回钦天监之观星台。 二十五年十月,改建钦天监于五府之后。

鸿胪寺 在长安右门外街南,其属司宾、司仪二署,并主簿厅附焉。

《实录》:洪武二十七年,建仪礼司于长安街之东。 三十年正月己卯,改仪礼司为鸿胪寺。

行人司 在长安右门外。

---

① 郎:原作"即",据史实正。

《实录》:洪武十三年六月己卯,置行人司。　二十七年,建行人司于西华门外。

光禄寺　在皇城东安门内,其属大官、珍羞、良酝、掌醢①四署,并典簿厅附焉。

《实录》:吴元年九月辛卯,置宣徽院。　洪武元年十二月壬申,改宣徽院为光禄寺。　八年九月甲戌,改光禄寺为光禄司。　三十年正月己卯,改光禄司为光禄寺。

尚宝司　《实录》:吴元年十二月,置尚宝司。

六　科②

国子监③　在鸡鸣山下,即刘宋武学故基。本朝洪武十年,拓地建国子监。中为彝伦堂,左、右绳愆、博士二厅,后重列率性、修道、诚心、正义、崇志、广业六堂,典簿厅附焉。

刑部　在太平门外贯城坊,其属浙江、福建、江西、湖广、四川、山东、山西、广东、广西、河南、陕西、云南、贵州十三清吏司,并照磨厅、司务厅附焉。

都察院　在刑部西,内有浙江、福建、江西、湖广、四川、山东、山西、广东、广西、河南、陕西、云南、贵州十三道,并经历司、照磨所、司务厅附焉。

大理寺　在刑部东,其属左寺、右寺,并司务厅附焉。

《实录》:洪武十七年三月丙寅,诏改建刑部、都察院、大理

---

①　醢:原作"醯"(酼),据史实正。
②　原本内容缺,左空一行。据《明史·职官四》,此"六科"当谓吏、户、礼、兵、刑、工六科。
③　"国子监"又见于"学校"类。此或顾氏《建康古今记》为未定稿之证乎?

寺、审刑司、五军断事官公署于太平门之外。太平门在京城之北,以刑主阴肃,故建于此。敕曰:"肇建法司于玄武之左、钟山之阴,名其所曰贯城,实法天之贯索也。是星七宿如贯珠,环而成象,乃天牢也。若中虚而无凡星于内,则刑官无邪私,政平讼理,狱无冤人;若凡星处贯内者,刑官非人;若中有星而明者,贵人无罪而狱。今法司已法天道,建置尔诸职事,各励乃事,当以身心法天道而行之。如贯之中虚,则狱清而无事,心静而神安,鉴玄武之澄①波,睇钟山之苍翠,以快其情,庶不负朕肇建法司之意也,尔其敬哉!"

五城兵马司 中城兵马司在内桥北,东城兵马司在太医院南,西城兵马司在三山门外,南城兵马司在聚宝门外,北城兵马司在鼓楼北。

《实录》:丙申七月,置兵马指挥司讥察奸伪,以达必大为指挥。 洪武十年十一月庚申,置兵马指挥司于聚宝门外。 十三年七月丙辰,置北城兵马指挥司。

学 校②

国子监 在鸡鸣山之右。

《实录》:乙巳九月丙寅朔,置国③子学,以故集庆路学为之。 洪武元年二月丁未,诏以太牢祀先师孔子于国学。 三月辛

---

① 澄:原作"橙",据《明太祖实录》及文义改。
② 校:原作"较",盖避熹宗朱由校讳而改"校"为"较",今回改为"校"。
③ 国:原无"国"字,据《明太祖实录》、《明史·职官志二》补。

未朔，命增修国学斋舍。　二年三月戊午，诏增筑国子学舍。初，即应天府学为国子学，上以规制未广，故增筑之。　六年二月，命增筑国子学舍。　十四年四月丙辰朔，诏改建国子学于鸡鸣下。　十五年三月丙辰，诏改国子学为国子监。　五月己未，新建太学成。其制，庙、学皆南向，庙在太学之东，中为大成殿。殿左右两庑，前为大成门，门左右列戟二十四。门外东为牺牲厨，西为祭器库，又前为灵星门。太学正堂曰彝伦堂，中为祭酒、司业公署，左为祭酒、司业讲授之所。右西列席，东向为博士课试之所。前为太学门，又前为集贤门。彝伦堂之后为六堂，曰率性，曰修道，曰诚心，曰正义，曰崇志，曰广业，诸生肄业居之。堂之东、西皆列二馆，助教、学正、学录居之。丞簿有署，会馔有堂，厨、库、井、湢以次而列。学之旁以宿诸生，谓之号房。有妻子者居外，月给米赡①之。自经始以来，驾数临视。至是落成，遣官祭先师孔子，命翰林院学士宋讷记其始末于石。仍以旧国子学为应天府学。　十七年四月，命增筑国子生房舍五百间于集贤门外，谓之外号房。　二十二年十月壬戌，会工部增建国子号②房舍于监前，以居有家室者。　三十年十月乙未③，重建国子监孔子庙成。上以旧庙隘，命工部改作之，至是庙成。其制皆④自规画。大成殿六楹，高四丈三尺，余深四丈七

---

①　赡：原作"瞻"，以文义改。
②　号：《明太祖实录》作"生"，疑是。
③　乙未：原作"己未"。按《明太祖实录》作"乙未"。衡之《实录》前后条记甲午、庚子事，则作"乙未"是。
④　"皆"前原有"皆其例"三字。检《明太祖实录》无，又《明史·礼志四》作"其制皆帝所规画"，据删。

尺，广四丈七尺。墀广二十丈，深三十七丈。大成门六楹，灵星门三，东、西庑七十六楹，神厨库皆八楹，宰牲所六楹。　永乐四年三月辛卯朔，上视太学，亲行释奠礼。壬辰，命工部修国子监太祖高皇帝诏书牌亭。礼部奏请立视学之牌，上亲制其文。

丙午，命立进士题名牌于国子监。

应天府学　在秦淮上文德桥之北。_{见上}

武学　在中城街。

洪武①三十一年二月庚辰，吏部设学于虎踞关，选儒士十人，教武臣子弟之养于锦衣卫者。②　陈敬宗《武学记》："太祖高皇帝龙飞淮甸，定鼎金陵，抚有万方，诞新治化。爰令③文教诞敷，由乎武功之耆定。中外宣力武臣，虽已报功锡爵，而故官子孙，不可无教养，以世其禄。于是作室数百区于定淮桥之南，给禄以养之，名之曰故官营。建孔庙堂斋于虎踞关之北，延儒师以教之，名曰武学。"

---

① 按书例，此"洪武"前当有"实录"二字。
② 据《明太祖实录》，"吏部"前有"令"字，"武臣"前有"故"字，文义较优。
③ 令：《澹然先生文集》之《重修武学碑记》作"念"，文义较优。

卷七　府卫^①　马群

中军都督府　在长安右门南,在城留守中、神策、应天、广洋、和阳五卫指挥使,牧马千户所隶之。

左军都督府　在中府南,在城留守左、骁骑右、龙虎、沈阳右、水军左、镇南、龙江右、英武、龙虎左十^②卫指挥使司隶之。

右军都督府　在左府南,在城留守右、虎贲右、武德、广武、水军右五卫指挥使司隶之。

前军都督府　在右府南,在城留守前、龙骧、豹韬、天策、飞熊、龙江左七^③卫指挥使司隶之。

后军都督府　在前府南,在城留守后、兴武、鹰扬、江阴、横海^④五卫指挥使司隶之。

《实录》:丙申七月,置江南行枢密院,以元帅汤和摄同佥枢密院事。　辛丑三月丁丑,改枢密院为大都督府,命枢密院同佥朱文正为大都督,节制中外诸军事。　洪武十三年正月癸卯,改大都督府为五军都督府。左军都督府统属在京骁骑左、水军左、留守左、龙虎、英武五卫,在外山东、辽东、浙江、广东四都司并所辖卫所。右军都督府统属在京虎贲右、水军右、留守右、武德、广武五卫,在外陕西、四川、江西三都司并所辖卫所。

---

① 原稿"中军都督府"前有"府卫"节目,此移作卷目。
② 十:数之只九卫,疑漏列沈阳左。参《明史·职官志五》。
③ 七:数之只六卫,疑漏列豹韬左。参《明史·职官志五》。
④ 海:原作"梅",据史实正。

中军都督府统属在京神策、广洋、留守中、应天、和阳五卫，在外苏州、太仓、镇海、扬州、高邮、大河、淮安、沂州、凤阳左①、凤阳右、凤阳中、皇陵、长淮、怀远、留守中、留守左、徐州十七卫，滁州、徽州、六安、庐州、镇江、安丰、信阳、宿州、洪塘九千户所及河南都司所辖卫所。前军都督府统属在京天策、豹韬、龙骧、飞熊、龙江五卫，在外湖广、福建、广西三都司及福建行都司并所辖卫所。后军都督府统属在京鹰扬、江阴、兴武、横海、蒙古左、蒙古右六卫，在外北平、山西二都司及山西行都司并所辖卫所。

二十二年四月，分建五军断事司于太平门外。

锦衣卫　在通政司南，经历司、镇抚司并所司附焉。

旗手卫　在锦衣卫南。

府军卫　在钦天监后。

府军左卫　在竹桥南。

府军右卫　在长安西街南。

府军后卫　在竹桥南。

羽林左卫　在朝阳门内。

羽林右卫　在玄津桥东北。

羽林前卫　在应天府治西。

金吾左卫　在大功坊。

金吾右卫　在状元坊南。

金吾前卫　在太医院南。

金吾后卫　在覆舟山南。

---

① 左：原作"在"，据史实正。

虎贲左卫　在朝天宫北。

孝陵卫　在朝阳门外。

济州卫　在江东门外。

江淮卫　在大江北。

牺牲所①

《会典》：国初设太平诸郡翼元帅府，以统诸道兵，设总制亲兵都指挥使司及都镇抚，以总禁卫。续改诸翼为亲军，立大都督府，设内外卫所及各都指挥使司。后又分大都督府为五府，隶外卫于都司，而都司及内卫各以其方隶五卫，惟亲军不属，遂为定制。

《实录》：丙申三月，置天兴建康翼统军大元帅府。　七月，置帐前总制亲兵都指挥使司，以冯国用为都指挥司。　置左右等翼元帅府，以华云龙、唐胜宗、陆仲亨、邓愈、陈兆先、张彪、王玉、陈本等为元帅。　置五部都先锋，以陶文兴、陈德等为之。

甲辰三月庚午，置武德、龙骧、豹韬、飞熊、威武、广武、兴武、英武、鹰扬、骁骑、神武、雄武、凤翔、天策、振武、宣武、羽林十七卫亲军指挥使司。先是，所得江左州郡置各翼统军元帅府。至是，乃悉罢诸翼，而设卫焉。　吴元年三月戊寅，置应天卫亲军指挥使司。　壬午，改骁骑卫为骁骑右卫亲军指挥使司。　九月，置金吾左、金吾右、虎贲右及兴化、和阳、广陵、通州、天长、怀远、崇仁、长河、神策等卫，寻改金吾左、右为金吾前、后二卫，羽林卫为羽林左、右二卫。　十月癸丑，置定远卫亲军指挥使

---

① 牺牲所：牺牲所不当编列于此，前已有。

司。　洪武元年七月己丑,置广洋卫亲军指挥使司。　升江阴千户所为江阴卫。　二年正月,置骁骑前卫亲军指挥使司。八月,改骁骑卫为龙虎卫。　十一月,置骁骑中、后二卫。　三年二月丁亥,置留守卫指挥使司。国初尝设都镇抚司,总领禁卫,后隶大都督府,统率各门千户所,寻改宿卫镇抚司。至是,升为卫,专领军马守御各城门,及巡警皇城与造作之事。　三月,置龙江左卫亲军指挥使司。　六月,置亲军都尉府及仪鸾司。初设拱卫司管领校尉,属都督府,后改为拱卫指挥使司,寻改为都尉司。至是,乃定为亲军都尉府,管左、右、中、前、后五卫军士,设仪鸾司隶焉。　四年八月,置振武卫亲军指挥使司。按:吴元年已设,此再书,未详。丙戌,徙应天卫治于江浦。　十二月,置镇海卫,改水军卫为水军左、右二卫。　五年正月庚申①,以振武、神武、凤翔、英武、宣武、广陵等十二卫余军并入豹韬卫。甲子,置蒙古卫亲军指挥使司。　辛未,改留守司为留守卫②都指挥使司。　十月乙亥,复置龙虎卫于浦子口。　十一月丁未,以兴化卫并为钟山卫,天长卫并定远卫,振武卫并兴武卫,和阳卫并神策卫,通州、吴兴二卫并龙骧卫,寻复设和阳、神策二卫。下云京师定远等卫火,则定远卫在南京。　十二月庚寅,并骁骑前卫于左卫,中卫于右卫。　八年正月,罢钟山卫,并其兵于兴武、神策、广武、骁骑左四卫。罢雄武卫,并其兵于骁骑右及定远、神策三卫。罢龙骧卫,并入定远卫。诸卫所余军调北平诸处守

---

① 申:原作"甲",误,据干支改。
② "卫"前原有"为"字,据《明太祖实录》删。

御。寻复改定远卫为龙骧卫。　十月癸丑,改留守都卫为留守卫指挥使司,原辖天策、豹韬、飞熊、鹰扬、江阴、广洋、横海、龙江八卫俱为亲军指挥使司,水军左、右二卫为指挥使司,俱隶大都督府。　十一年五月甲申,置府军①卫指挥使司。　丁酉,改留守卫为留守中卫亲军指挥使司,增置留守左、右、前、后四卫亲军指挥使司。　九月,置府军②左、右二卫指挥使司。　十月戊午,改骁骑左卫为府军③后卫,改武德卫为府军④前卫。　甲子,改兴武卫为武德卫。　十二月,复置兴武卫亲军指挥使司。

改金吾前卫为羽林左卫,羽林左卫为金吾前卫。　十五年四月乙未,改仪鸾司为锦衣卫。　十七年九月丁未,增置羽林右卫中、前二千户所。　闰十月,增置府军前卫、羽林左卫中、左千户所。　十八年六月癸巳,改旗手卫千户所为旗手卫。　丙午,天下府州县佥民丁充力士者万四千二百余人至京,命增置锦衣卫中左、中右、中前、中后、中中、后后六千户所分领之,余以隶旗手卫。　十一月,置江浦卫。　二十五年七月癸巳,改龙江卫为龙江左卫。　丁丑,置龙江右卫。　二十八年正月戊午,置济川、江淮二卫指挥使司,辖各处马船,递江上往来军民。

永乐三年七月丁未,徙府军右卫治于鼓楼之西,旧治在西安门外。以拓皇墙,故徙之。

阅武场　《实录》:洪武七年正月丁未,诏皇太子率诸王诣阅武场,祭旗纛之神。

---

①②③④　军:原作"库",误。据《明太祖实录》改。

马群 《实录》:洪武十年二月戊戌,置香泉、六合牧监。香泉设群八,六合设群七,隶太仆寺。 六月癸亥,改香泉牧监高丽群属六合牧监。 十九年三月,置牧监诸群。句容牧监群四,曰句容,曰仁信,曰福胙,曰通德。溧阳牧监群五,曰举福,曰从山,曰明义,曰永定,曰福贤。溧水牧监群五,曰仪凤,曰仙坛,曰立信,曰归政,曰丰庆。 二十一年三月癸巳,增置永城群,隶溧阳牧监。永宁群,隶溧水牧监。政仁群,隶句容牧监。

二十二年五月己巳朔,置骆驼亭诸群,定其名曰紫驼、锦鲜、豹文、鸣凤、凌云、知泉、双锋、千里、一封,共一十群①。 二十三年十月甲子,置江东牧监,所属八群,曰开宁、泉水、惟正、清化、神泉、新亭、长泰、光泽。 二十八年三月戊午,罢太②仆寺群监官,以其马匹隶有司牧养。计罢监群一百一十一处:句容牧监及句容、易风、仁信、福胙、通德、承仙、上容、政仁、练塘、寿安十群,溧阳牧监及举福、从山、明义、永定、福贤、崇来、永城、永泰、奉安九群,江东牧监及开宁、泉水、惟政、清化、神泉、新亭、长泰、光泽八群,溧水牧监及仪凤、仙坛、立信、归政、丰庆、安兴、游山、永宁八群。

牧马草场 《实录》:洪武二十三年十一月己亥,命五军都督府及锦衣、旗手、虎贲左右、兴武、鹰扬、金吾前后、羽林左右、龙骧、豹韬、天策、神策、骁骑、府军左右前后凡二十卫③,于大江

---

① 数之只九群,疑漏列金驼。又据《明太祖实录》,"双锋"疑为"双峰"之误。
② 太:原作"大",据史实正。
③ 数之十九卫,疑漏列府军中卫。

北岸各置牧马草场。于是汤泉及滁州、全椒、贾涧等处皆为牧场。　　又载洪武二十四年十一月己亥，上命五军都督府及十二亲军于江北去官道二三里各置草场牧马，于是锦衣卫、旗手、虎贲左右、兴武、鹰扬、金吾前后、羽林左右、龙骧、豹韬、天策、神策、骁骑并府军中、左、右、前、后凡二十卫，各置牧马草场，于汤泉及滁州、全椒、贾涧诸处以牧放焉。案：此一事两见，月日同而年异。

卷八　府县　苑囿　仓庾

府　县

应天府　《实录》：丙申三月辛卯，改集庆路为应天府。

上元县　江宁县　《实录》：丙申三月辛卯，置上元、江宁二县。

苑　囿

上林苑　《实录》：洪武二十五年十月癸亥，命户部于正阳门外距板桥五里度地，自牛首山接方山，西傍河涯为上林苑。户部因为图以进。上以苑中之地，民人已种二麦，俱俟明年收成后勿令再种，其占及民田者，给官田偿之。官田或不敷，令民徙居江北，倍数给田偿之，永为世业。民庶坟茔有在苑内者，令勿徙，听其以时祭扫。寻以妨民业，遂止。　永乐四年十月壬辰，改上林苑为上林署。　五年三月辛巳，改上林署为上林监，以中官相兼任用。

棕园　漆园　桐园　并在钟山之阳。洪武初，以造海运大舶及防倭战船所用油漆、棕缆悉出于民，为费甚重，乃立三园，植棕、漆、桐树各十万株以备用，而省民供焉。

《实录》：宣德元年七月，行在工部奏南京朝阳门外漆、桐、棕树多槁死,由主典者不用心培灌,请罪之。上曰:"凡植物岂能皆成,其宥之。" 三年五月丁卯,南京留守左卫百户郭玘等上朝阳门外所植漆、桐、棕树之数二百万有奇,上谕之曰:"祖宗以此资国用,省民力。今繁盛如此,其谨培护。"

花果园 在城南。 **姜菜园** 散在城隅。 **香稻田 番麦厂** 并在城东,以享庙。

靛园 在城西北。 **红花地** 在城北,供丝染。

苜蓿园 在城东,以牧马。

司药局 《实录》:洪武十一年九月,以应天府上元县官民田为司药局蔬圃。官田除租,民田给其值。

琉璃窑 石灰窑 并在城南。 **石土厂** 在城北红土厂。

竹片厂 砖厂 瓦厂 并在城西,以备工作。

鲥鱼厂 冰窖 在城北观音门外,临大江,以充时贡。

黄船厂 宝船厂 拨船厂 并在城西,以充运载。

仓 庾

长安门仓 东安门仓 西安门仓 北安门仓 锦衣卫乌龙潭仓 旗手卫仓 府军卫仓 府军左卫仓 府军右卫仓 府军后卫仓 羽林左卫仓 羽林右卫仓 金吾前卫仓 金吾后卫仓 虎贲左卫仓在石城门内大街北,旧为铁塔①寺 孝陵卫仓 留守中卫仓 神策卫仓 应天卫仓 广洋卫仓 和阳卫仓 留

---

① 塔:原作"搭",误。南京旧有铁塔寺。

守左卫仓　骁骑右卫仓瓦官寺基　龙虎卫仓　沈阳左卫仓　沈阳右卫仓　水军左卫仓　镇南卫仓　龙江右卫仓　龙虎左卫仓　留守右卫仓　虎贲右卫仓　武德卫仓　水军右卫仓　留守前卫仓　龙骧卫仓　豹韬卫仓　天策卫仓　龙江左卫仓　豹韬左卫仓　留守后卫仓　兴武卫仓　江阴卫仓　横海卫仓

　　景泰三年,令南京各仓筑立高厚墙垣,不许军民人等就墙起盖房屋,墙外仍立冷铺,金拨军夫巡守。　成化十二年,奏准府军左卫东仓墙外官地量起公馆,令监收等官往来安歇。

卷九　寺观① 　酒楼　塌坊

天妃宫　在龙江关，永乐五年建。每岁以正月十五日、三月二十三日遣南京太常寺官祭。

《实录》：永乐五年九月戊午，新建龙江天妃庙成，遣太常寺少卿朱焯祭告。时太监郑和使古里、满剌加诸番国还，言神多感应，故有是命。　七年正月己酉，封天妃为"护国庇民妙灵昭应弘仁普济天妃"，赐庙额曰"弘仁普济天妃之宫"，岁以正月十五日、三月二十三日遣官致祭，著为令。　十七年九月甲寅，重建天妃宫于京师仪凤门外。

神乐观　在洪武门外。

《实录》：洪武十二年二月，建神乐观。上以道家者流务为清净，祭祀皆用以执事，宜有以居之，乃命建神乐观于郊祀坛西。　十二月癸亥朔，神乐观成，命道士周玄初领观事，以乐舞生居之。上亲制文立碑志其事。其乐舞生每岁所给米麦衣布及时节赉予之数，具刻于碑阴。　永乐五年七月丙子，修神乐观，立醴泉碑。初，命道士于朝天宫设醮，上资皇考、皇妣冥福竣事，醴泉出观井中。群臣以为上孝感所致，请立碑昭灵贶。命翰林院侍读胡广制碑文。　十一年五月丙午，修神乐观及醴泉亭。

---

① 原稿"天妃宫"前有"寺观"节目，此移作卷目。

朝天宫　在石城门内,旧冶①城基。

《实录》:洪武十七年七月,建朝天宫。其地即吴冶城、晋西州故址。南宋时始置总明观,唐建紫极宫,宋真宗大中祥符间改祥符宫,寻改天庆观。元元贞时改玄妙观,文宗时又改永寿宫。至是重建,赐名朝天宫,设道录司于内。按:十六年,孝慈皇后小祥,设斋醮于灵谷寺、朝天宫各三日。则朝天宫不自十七年而始命名也。史文牴牾,难以臆断。　二十八年,重建朝天宫成。先是,建是宫,凡正旦、圣节、冬至,群臣习朝贺礼于其中。上以其制度未备,命重建之。至是成。诏右演法曹希鸣住持。

灵谷寺　在钟山左,独龙冈之麓。

《实录》:洪武十四年九月己亥,改建蒋山太平兴国禅寺为灵谷寺。初,太平兴国禅寺在宝珠峰之阳,梁僧宝公塔在焉。至是,住持僧仲义奏请迁之,遂诏改建于京城东独龙冈之左。既成,赐额曰灵谷,榜其外门曰第一禅林,又赐田一百五十余顷。　永乐四年五月辛亥,修灵谷寺。　五年五月己巳,上幸灵谷寺。

《金陵志》:梁天监十三年,以定林寺前冈独龙阜葬志公,永定公主以汤沐之资造浮屠五级于其上。十四年,即塔寺建开善寺。宋太平兴国五年,改为太平兴国禅寺。

《金陵梵刹志》:国初,为蒋山寺。洪武十四年,敕改今地,赐额灵谷寺。按:《实录》洪武七年五月庚辰,以和林国师所献佛像、舍利送钟山寺,则初名钟山,非蒋山也。

---

①　冶:原作"治",误,据史实正。

天界寺　在聚宝门外二里。

洪武①二十一年二月甲戌，天界寺灾，迁僧录司于天禧寺。先是，设僧录②于天界寺，以寺灾迁之。　是月，重建天界善世禅寺于城南。初，元文宗天历元年始建大龙翔皇③庆寺，在今都城之龙河。洪武元年春，即本寺开设善世院，以僧慧昙领教事，改赐额曰大天界寺，御书天下第一禅林，榜于门外④。四年，改曰天界善世禅寺。五年，又改为善世法门。十四年，革善世院。十五年，设僧录司于内。至是，毁于火。上命徙于京城南定林寺故址，仍旧额曰天界禅寺。

大报恩寺　在聚宝门外。

《实录》：洪武十三年十二月，重建天禧寺。初，吴主孙权赤乌四年，于长干建寺。孙皓时废。晋太康二年，沙门惠远复建，因名曰长干寺。南唐时又废。宋真宗天禧二年，又建寺，始名天禧。元末毁于兵。至是重建焉，诏僧守仁住持。　永乐十年八月丙午，重建天禧寺。　二十二年三月甲辰，赐天禧寺名大报恩寺。　宣德三年六月，南京大报恩寺成，命应天府常以民夫五十人及留工匠五十人备洒扫修理。

鸡鸣寺　在鸡鸣山上。

《实录》：洪武十八年，建鸡鸣寺于鸡鸣山，以祠梁僧宝公，命僧德瑄住持。瑄卒，道本继之。初，有西番僧星吉监藏为右

---

① 按书例，此"洪武"前当有"实录"二字。
② 僧录：《明太祖实录》作"僧录司"。
③ 皇：《明太祖实录》作"集"，疑是。
④ 门外：《明太祖实录》作"外门"。

觉义,居是山。至是,别为院寺以居之。

大能仁寺 在聚宝门外二里。

《实录》:洪武二十一年二月,重建能仁寺于城南广福山。初,宋元嘉时寺建于秦淮之北,是月毁于火。主僧行果请徙今地,从之。

洪武二十六年九月戊辰,赐天界、天禧、灵谷、能仁、鸡鸣芦柴地四十七顷有奇。已上谓之五大寺,并见《实录》。其他寺院,详见《金陵梵刹志》,兹不具书。

酒楼 《实录》:洪武二十七年八月庚寅,新建京都酒楼成。先是,上以海内太平,思欲与民偕乐,乃命工部作十楼于江东诸门之外。令民设酒肆其间,以接四方宾旅。其楼有鹤鸣、醉仙、讴歌、鼓腹、来宾、重译等名,既而又增作五楼,至是皆成,诏赐文武百官钞,命宴于醉仙楼。 永乐八年十二月壬寅,重建醉仙楼。楼在三山门外,比毁于火,故复建之。 洪熙元年七月,行在工科给事中吴蘩等劾奏,比者行在工部侍郎蔡信奏请南京廊房十间,与家人居,圣恩与之。缘信于仁宗皇帝时已奏请来宾楼一所,以居家人。今隐匿不言,复请廊房,贪冒欺诈,宜置之法。上曰:"小人务利,何有厌足。但今山陵方资其用,姑宥之,廊房亦不与。"

塌坊 《实录》:洪武二十四年八月,诏京师小民鬻贩者毋入塌房①。初,京师辐辏,军民居室皆官所给,连廊栉比,无复隙地。商人货物至者,或止于舟,或贮于城外民居。驵侩之徒,从

---

① 房:《明太祖实录》作"坊"。

而持其价，高低悉听断于彼，商人病之。上知其然，遂命工部于三山等门外濒水处为屋数十楹，名曰塌坊。商人至者，俾悉贮货其中，既纳税，从其自相贸易，驵侩无所与，商旅称便。至是，所司于贫民负贩者亦驱使投税。应天府尹高守礼以为言，遂命禁之。

卷十　冢墓①

陇西长公主茔　《实录》:洪武五年二月庚辰,诏建皇姊陇西长公主茔庙碑亭,其制视功臣之封王者。

韩王墓　《实录》:永乐五年十月庚戌,韩王薨,谥曰宪。以未就国,敕有司营葬安德门外。

中山武宁王徐达墓　在钟山西,御制神道碑。

《实录》:洪武十八年二月戊午②,太③傅、魏国公徐达薨,追封中山王,谥武宁,赐葬钟山之阴。

开平忠武王常遇春墓　在钟山西,编修官宋濂④撰神道碑。

《实录》:洪武二年八月癸亥朔,鄂国公常遇春枢车至龙江,命择地于钟山草堂之原,营墓建祠。　十月庚午,敕葬开平忠武王常遇春于钟山之阴。

岐阳武靖王李文忠墓　在钟山西,春坊大学士董伦撰神道碑。

《实录》:洪武十七年三月戊戌朔,曹国公李文忠薨,追封岐阳王,谥武靖,赐葬钟山之阴⑤。

宁河武顺王邓愈墓　在安德门外。

---

① 原稿有"冢墓"节目,此移作卷目。
② 戊午:《明太祖实录》作"己未"。
③ 太:原作"大",据《明太祖实录》改。
④ 濂:原缺,据史实补。
⑤ 原稿"阴"前有"阳"字,应为衍字。

黔宁昭靖王沐①英墓　在城南四十里,学士王景撰神道碑。

江国公吴良墓　在钟山西,翰林检②讨吴伯宗撰神道碑。

《实录》:洪武十五年十一月,江阴侯吴良卒,追封江国公,谥襄烈,赐葬钟山之阴。

芮国公杨璟墓　在钟山之西。

《实录》:洪武十五年八月,营阳侯杨璟卒,追封芮国公,谥武信,赐葬钟山之阴。

黔国公吴复墓　在钟山西。

《实录》:洪武十六年十月,安陆侯吴复卒,追封黔国公,谥威毅,赐葬钟山之阴。

永国公薛显墓　在钟山西。

《实录》:洪武二十年九月癸巳,永城侯薛显卒,追封永国公③,谥桓襄,赐葬钟山之阴。

汝南侯梅思祖墓　在钟山西。

《实录》:洪武十五年十月,署云南布政司事汝南侯梅思祖卒,赐葬钟山之阴。

虢国公俞通海墓　在聚宝门外,学士陶安撰神道碑。

越国公胡大海墓　在城南一十五里。

蕲国公康茂才墓　在神策门外,编修官宋濂撰神道碑。

海国公吴桢墓　在钟山西,礼部侍郎刘崧撰神道碑。

---

① 　沐:原作"沭",据史实改。

② 　检:原作"简"。按吴伯宗为翰林检讨,盖避思宗朱由检讳而改"简",今回改为"检"。

③ 　公:原缺"公"字,据《明太宗实录》补。

滕国公顾时墓　在钟山西,礼部侍郎刘崧撰神道碑。

许国公王志墓　在钟山西,学士刘三吾撰神道碑。

陕国公郭子兴墓　在聚宝山西,学士刘三吾撰神道碑。

营国公郭英墓　在聚宝山西。

郢国公冯国用墓　在城南五里。

永康侯徐忠墓　在城南一十五里。

西宁侯宋晟墓　在聚宝门外。

诸功臣追封列侯者墓　《实录》:洪武十三年七月,广西都指挥使王真卒,追封临沂侯,谥桓义,赐葬钟山之阴。　十三年九月辛亥,后军都督金事高显卒,追封汝阴侯,谥武肃,赐葬钟山之阴。　十四年七月己亥,左军都督金事何德卒,追封庐江侯,谥壮毅,赐葬钟山之阴。　十四年十二月,中军都督金事孙世卒,追封富春侯,赐葬钟山之阴。　十五年三月,中军都督金事陈清卒,追封合浦侯,谥崇武,赐葬钟山之阴。　十五年十一月,署云南布政司事平章潘原明卒,赐葬钟山之阴。

渤泥国墓　在石子冈。

《实录》:永乐六年八月,浡泥国王麻那惹加那乃来朝。十月乙亥,以疾卒于会同馆。上辍朝三日,遣官祭赙①,命工部具棺椁明器,葬于安德门外,树碑神道,求西南夷之隶籍中国者守之,立祠于墓,命有司春秋用少牢祭之。

---

　　① 遣官祭赙:《明太宗实录》此句为"遣官祭之,赙以缯帛,东宫暨亲王各遣祭。"文义较明晰。